黃元秀

武術叢談續編

出版人語

武術作為中華民族文化的重要載體，集合了傳統文化中哲學、天文、地理、兵法、中醫、心理等學科精髓，它對人與自然和諧共生關係的獨到闡釋，它的技擊方法和養生理念，在博大精深的中華文化中獨具特色。

隨著學術界對中華武學的日益重視，北京科學技術出版社應國內外研究者對武學典籍的迫切需求，於二〇一五年決策組建了「人文・武術圖書事業部」，該部成立伊始的主要任務之一，就是編纂出版「武學名家典籍」系列。

入選本套叢書的作者，基本界定為民國以降的武術技擊家、武術理論家及武術活動家，之所以會有這個界定，是因為此時期的武術，在中國武術的發展史上佔據著重要的位置。在這個時期，中西文化日漸交流與融合，傳統武術從形式到內容，從理論到實踐，都發生了巨大的變化，這種變化，深刻干預了近現代中國武術的走向。

這一時期，在各自領域「獨成一家」的許多武術人，之所以被稱為「名人」，是因為他們的武學思想及實踐，對當時及現世武術的影響深遠，甚至成為近一百年來武學研究者辨識方向的坐標。這些人的「名」，名在有武術的真才實學，名在對後世武術傳承永不磨滅的貢獻。他們的各種武學著作堪稱「名著」，是中華傳統武學文化極其珍貴的經典史料，具有很高的文物價值、史料價值和學術價值。

民國時期的太極拳著作，在整個太極拳發展史上佔有舉足輕重的地位。當時的太極拳著作，正處在從傳統的手抄本形式向現代出版形式完成過渡的時期；同時也是傳統太極拳向現代太極拳過渡的關鍵時期。這一歷史時期的太極拳著作，不僅忠實地記載了太極拳的衍變和最終定型，還構建了較為完備的太極拳技術和理論體系。「武學名家典籍」收錄了著名楊式太極拳家楊澄甫先生的《太極拳使用法》《太極拳體用全書》，一代武學大家孫祿堂先生的《形意拳學》《八卦拳學》《太極拳學》《八卦劍學》《拳意述真》，武學教育家陳微明先生的《太極拳術》《太極劍》《太極答問》，武術活動家許禹生先生的《太極拳勢圖解》《陳式太極拳第五路・少林十二式》，董英傑先生的《太極拳釋義》，杜元化先生的《太極拳正宗》等。

此次出版的《黃元秀武學輯錄（二冊）》首次彙集了武術家黃元秀先生一生主要的武學著作：包含楊澄甫等太極大家高深功夫及拳譜，以及黃元秀先生數十年拳學體悟的《太極要義》和《楊家太極拳各藝要義》（《太極要義》與《楊家太極拳各藝要義》的內容有重合之處，故將《楊家太極拳各藝要義》原文影印附錄於《太極要義》之後，以便研究者考證）；記錄了楊澄甫先生所授拳劍刀槍各圖及黃元秀平生武學閱歷經驗所得的《武術叢談續編》。

黃元秀一生修武修佛，造詣極高。他的武學著作反映出以為國為民、強國強族、復興中華為目的的治學思想。其著作中含有大量的珍貴史料和心得體會，對武學貢獻卓著。但其著作流傳卻十分有限，迄今為止，國內外尚沒有出版過黃元秀武學著作合集。因此，對黃元秀武學著作的首次出版，將會對傳統武學及其相關文化的研究與繼承、歷史迷霧的澄清、傳統武學的發揚光大都有所幫助。無論初學者還是資深武學家，都會從這樣一位獨特人物的武學結晶中汲取到自己所需。這也是我們整理分享黃元秀前輩著作的初衷。

以上提及的武術家及他們的著作，在當時就已具有廣泛的影響力，時隔近百年之後，它們對於現階段的拳學研究依然具有指導作用，並被太極拳研究者、愛好者奉為宗師、奉為經典。對其進行多方位、多層面的系統研究，是我們今天深入認識傳統武學價值，更好地繼承、發展、弘揚民族文化的一項重要內容。

本叢書由國內外著名專家或原書作者的後人以規範的體例進行了點校和導讀，尊重大師原作，力求經得起廣大讀者的推敲和時間的考驗，再現經典。

為了減少讀者的閱讀困難，我們進行了如下處理：原書中明顯的訛誤及衍倒之處，我們採用徑改的方式，不再出注，儘量使讀者閱讀順暢；原書中有少量缺字或原字不清情況，可根據前後文補上的，我們即直接補上，不再出注，不能補充的以⧄表示。

「武學名家典籍」將是一個展現名家、研究名家的平臺，我們希望，隨著本叢書的陸續出版，中國近現代武術的整體面貌，會逐漸展現在每一位讀者的面前；我們更希望，每一位讀者，把您心儀的武術家推薦給我們，把您知道的武學典籍介紹給我們，把您研讀詮釋這些武術家及其武學典籍的心得體會告訴我們。我們相信，「武學名家典籍」這個平臺，在廣大武學愛好者、研究者和我們這些出版人的共同努力下，會越辦越好。

導讀

中國武學歷史悠久，到清末民初達到發展的高潮。如何搜集、發掘先賢前輩們對於武術研究的成果，汲取並傳承其精髓，是今後武學研究面臨的一大課題。在眾多武學前輩中，浙江黃元秀先生的傑出貢獻往往被人們忽略，其著作值得我們深入研究。

黃元秀（一八八四—一九六四），浙江杭州人。原名鳳之，字文叔，中年以後改名元秀。其乃辛亥革命元老，早年曾在浙江省立武備學堂學軍事，後渡東瀛，入日本士官學校深造。在日時化名山樵，與黃興、秋瑾、徐錫麟、蔡元培、章太炎等結交，共同參與同盟會活動，回國後為光復浙江做出過極大貢獻。其後參加過討袁、護法等事，北伐時曾任總司令部少將參議等職。

一九二九年秋，浙江省政府主席兼浙江省國術館館長張靜江，邀請中央國術館副館長李景林將軍等一干武林高手，來杭州主持全國武術表演比賽。黃元秀先生是「國術遊藝大會」籌委會的成員之一，並擔任了大會秘書和監察委員。

同年十一月十一日，黃元秀先生在其放廬居所拜師宴賓，於園中「瑞雲石」前，為後世留下了民國時期武林領袖們的珍貴合影（左圖）。

黃元秀先生

視其一生，黃元秀先生經歷獨特，集辛亥革命者、護國護法軍人、北伐將領、抗日志士、書法家、佛學精修者、武學家為一身，學養高超，學力過人，勤於著述。學人評價其為好人、善人、高人和奇人。

黃元秀先生一生修武修佛，造詣極高。其整理寫作的武學著作，反映出以為國為民、強國強族、復興中華為目的的治學思想。其著作中含有大量珍貴史料和心得體會，對中國近代武學貢獻卓著。譬如，他完成了武當劍大師李景林的願望，整理出版李景林所傳武當劍法；整理楊家太極拳嫡傳與精華；記錄了自己對武林各家的看法與心得，等等。

然而，其著作流傳卻十分有限，如唐豪先生在民國時期出版《王宗岳太極拳經》引用參考文獻時，所注的黃元秀著作只是非賣品的油印本。

為使武術研究者、愛好者得以全面認識黃元秀的武學貢獻，本次出版的《黃元秀武學輯錄》首次彙集了其一生主要的武學著作，包括：《武當劍法大要》（商務印書館印刷，一九三一年七月出版）；《太極要義（附武術偶談）》

（文信書局印行，一九四四年十一月出版）；《楊家太極拳各藝要義（附武術偶談）》（國術統一月刊社發行，一九三六年出版）；《武術叢談續編》（一九五六年油印稿）。

其中，《武當劍法大要》是李景林先生親授的第一部武當劍專著，「元秀親受其業，退而述成此編，呈政。師閱後曰：『汝能記其根略，以惠同門，實吾近年所欲成而未竟之志。汝即付梓可也。』今則誨語如聞，哲人已萎。緬懷風範，不禁高山景行之思。」直到二十世紀九〇年代，筆者與李天驥先生再傳弟子高曉光先生交流時，高曉光提到李天驥先生武當劍的自豪之情，仍歷歷在目。

李天驥先生乃李景林傳人，此外據黃元秀記載，著名武術家趙道新先生，也是李景林先生的弟子。

黃元秀在《武當劍法大要》中提到，他最初一直在尋找中國劍術，多年不遇，很是遺憾，但不信已經完全失傳。後來，見識到李景林將軍之劍術而投其門下，並將所學著述記載，以使其廣傳。武當劍技奧秘何在，為何能名震民國時期的武林，黃先生在其著作中有詳解。這一著作也奠定了黃元秀在武學界的歷史與學術地位。

除武當劍外，黃元秀先生的楊家太極拳也是嫡傳。一九三七年，日本全面侵華戰爭爆發之前，黃元秀刊登於《國術統一月刊》的《楊家太極拳各藝要義（附武術偶談）》，保留了其所學所知的原始楊家太極拳技藝與文獻，比較全面地解釋了楊家太極拳的內容與奧妙。此書開篇就是一版與眾不同的《太極拳論》。這一版本究竟是什麼來歷？為何與其他版本不同？值得學界重視與研究。其中的太極拳拳式名目內容，與李瑞東傳人於民國八年抄本中記載的傳楊家譜也有不同之處。其《太極拳論》中記載的《太極拳長拳歌》，可能是民國時期與太極拳相關的著作僅見。

這一內容，後來在一九五三年七月一日，才出現於何孔嘉先生的序言文字中，將楊健侯贈田兆麟拳譜（油印本《太極拳手冊》）重提。直到近年，孟憲民先生於二〇一五年出版《牛春明太極拳及珍藏手抄老譜》一書，將其外祖父牛春明抄於楊健侯拳譜手抄本的影印件公佈於世，以《太極妙處歌》之名才又出現。

黃元秀先生武學著作的著眼點獨到。他認為即便是同一門弟子之間的拳法，各傳人之間也是「各有特長，各盡其妙，不能從同，亦不能強同，其中並無軒輊可分，在學者更不得是此而非彼。要知此種藝術，能立千年而不廢，博得一般人士之信仰，其中確有不可磨滅之精義，令人莫測之妙用存焉。」「無論係何師，一家所傳，一人所傳，其動作多少，皆不能同，亦不必盡同。不僅太極拳如此，即彈腿一門有練十路者，有練十二路者。此為回教門之藝，尚且有兩種之分。又若少林門各拳，有岳家手法，有宋太祖拳，此傳彼授，各是其是，各非其非，惟情論總須一致，設或理論不同，則其宗派顯然有別，不得謂為同門矣。」為後人紛爭誰是正宗、如何辨別不同門派指點了迷津。高人高思，可見一斑。

由於黃元秀顯要的社會地位，加上諸多便利因素，他可以向楊澄甫先生詢問許多問題，涉及其他弟子與師父之間不便詢問的事情。以其資深的武學修養、文學修養、修佛境界及軍隊高階等身份，記錄了楊澄甫等楊家太極高手的高深功夫，令人信服。如「楊老師順勢一撲，其手指並未沾著余之衣襟，而余胸中隱隱作痛」。為何弟子們各有特色，為何練太極者眾多而成才者寥寥無幾？他給出了自己的調查結果。

此外，諸如什麼人適合什麼拳，練太極重點何在，學拳慢與快的道理所在，太極與少林姿勢的對應關係，以及太極拳練法、連勁、推手、散手、對打、技擊，八打八不打，等等，都作了專項講解。他還對一些門派（如零令門）加以介紹，對舊時拜師學藝儀式的流程、講究，武林場上的各式規矩、禮範，一些門派的學藝特色，都給以詳細描述，同時將歷代劍俠名人悉數記載在冊。黃元秀先生還在專著中述諸文字，大聲呼籲：應當把概念籠統的國術稱謂改為具體的武術稱謂，唯此才能夠準確釐清武術的專責與其他門類的分野……凡此種種，都使後人能夠看到那個時代武術業清晰的樣貌。

黃元秀在其武學專著中，還保存了許多武術史上的重要資訊。記載了楊家傳人對武家太極來歷之不解；記載了楊露禪所學來自陳家溝的陳長興，為太極拳史研究再次提供了來自楊家說法的旁證；記載了楊鏡湖（楊健侯）的珍貴心得對張三豐（峰）與太極拳之關係，做了概述與探討。

黃元秀還用生動的文筆，記載了河北一個別開生面的郝家太極拳派。其文如是說道：「太極拳，近年來風行南北，可謂國術界中最普遍之拳術，遍觀各處，各人所練，各不相同，可大別為三派：一為河北郝家派。此派不知始於何祖，聞係河北郝三爺（郝山野）所傳，述者忘其名，世以郝三爺稱之。三爺於清末走鏢秦晉間，身兼絕技，善畫戟，名震綠林，鏢局爭聘之，實為山陝道上之雄。余見天津蔣馨山、劉子善等，皆練此拳，南方習者不多，吾師李芳宸先生南來時，其家人及同來各員，皆善此。手法極複雜，其動作較楊陳二派增添一倍，約有二百餘式，表演一周，時間冗長。據吾師云：此於拳式之外，加入推手各法，故較他派手法齊備，因太繁細，頗不易記，諸君既習楊家派，其理一貫，勿須更習。余慫恿朋儕學習之，計費六十餘日，不能卒業，可見其繁細矣。孫祿堂先生云：『此拳之長，極近柔順之至。』爾時余忘索其拳譜，不知與陳楊兩派之理論，有無異同也。」黃元秀的這一記載，學界並沒有認識到，它為破解太極拳眾多重大歷史謎團，留下了一把鑰匙。

《武當武技與開合太極拳》作者李仁平，於二〇一三年《武魂》發表文章介紹：……十九世紀晚期，清代武術家劉德寬得世隱高人的開合太極拳，傳弟子吳俊山。一九一〇年劉德寬病故，弟子吳俊山投至李景林麾下，並與蔣馨山（一八九〇—一九八二，祖籍河北省棗強縣人。程派八卦掌傳人。畢業於北京法政學堂後，跟隨表兄李景林從戎，時任李景林奉軍第一師軍法處處長，直隸省軍務督辦署軍法處處長。）關係密切。為報答李景林、蔣馨山的知遇之恩，吳俊山奉獻開合太極拳，言此拳係王宗岳所傳，請李、蔣二人甄別。李、蔣二人慧眼識得此拳的價值，甚是歡喜地接納了此拳（後蔣馨山傳弟子呂學銘、李允中、兒蔣炳熙等；呂學銘傳弟子李仁平等；李仁平傳眾弟子……）由此可知有一個「述者忘其名」的神秘人物——河北郝三爺，而蔣馨山等所練之開合太極拳與河北郝三爺同脈。蔣馨山生前常說：「該拳無一處不合『拳論』，是王宗岳真傳無疑。」

文中說這位郝三爺「於清末走鏢秦晉間，身兼絕技，善畫戟，名震綠林，鏢局爭聘之，實為山陝道上之雄。郝三爺走鏢往來於秦晉之間，一代太極拳宗師王宗岳也是山西人，有地緣上的契合以及人與人之間往來聯繫的可能性，由此是否可以推斷郝三爺的太極拳來源於山西王宗岳一脈？開合太極拳公之於世已六代人（一百八十多年）。清中晚期，鏢師郝三爺得武當高人傳授開合太極拳，為近代第一代傳承人。晚清著名武術家劉德寬（一八二六—一九一一）在山西護鏢時，得郝山野傳授，為第二代傳承人。劉德寬傳第三代吳俊山；吳俊山代師傳蔣馨山、李景林、程海亭……由此推斷劉德寬得自郝三爺。」

綜合新發現的山西版《三三拳譜》、山西版《三三槍譜》及唐豪先生廠本《陰符槍譜》《太極拳經》合抄本等可知，王宗岳是乾隆時人、原來《陰符槍譜》分別在北平、河北、山西三地流傳。乾隆年間民間流傳的《山右王宗岳太極拳論》，不止被武禹襄經過其兄而得到，也被河北廣平陳華（利）先生等人得到。顧氏六合通背拳傳人廣平陳利先生這一支，掌握的拳譜與楊家不同，如楊家並無《陰符槍譜》。另從河北顧氏傳人藏譜，以及各傳人的著作等看，其門內並不尊王宗岳為乾隆傳祖，可知其不是王宗岳嫡傳之系。陳利弟子盧氏的傳譜名為《六合通背》，而非《太極拳譜》。

陳利先生得到《陰符槍譜》《山右王宗岳太極拳論》之後，最初用於補充完善自己的六合通背拳，並非太極拳。可知陳利先生之前的顧氏拳法為六合通背拳，其傳人盧鳴金先生的《槍譜》也不是陰符槍。此槍法被三皇炮拳傳人冠之以「趙雲勇戰槍」「子路槍」，河南南陽地區以「黃龍槍」稱之。這些資訊的共享，是又一個值得研究的大課題。

因此，陳利六合通背拳傳系後與楊家交流學習，結合自己所學，將其擴充為太極長拳，拳譜文字也二者合一。此拳傳人有郝三爺、劉德寬先生、陳利傳人等。後人搞不清楚來源，河北廣平等地傳人將太極拳上推到顧氏；又見自己傳譜中有張三豐的資訊，便按自己的理解，認為是張三豐所傳。

此外，吳孟俠先生民國三十三年《明武山莊武學手冊之一》顯示，所謂牛連

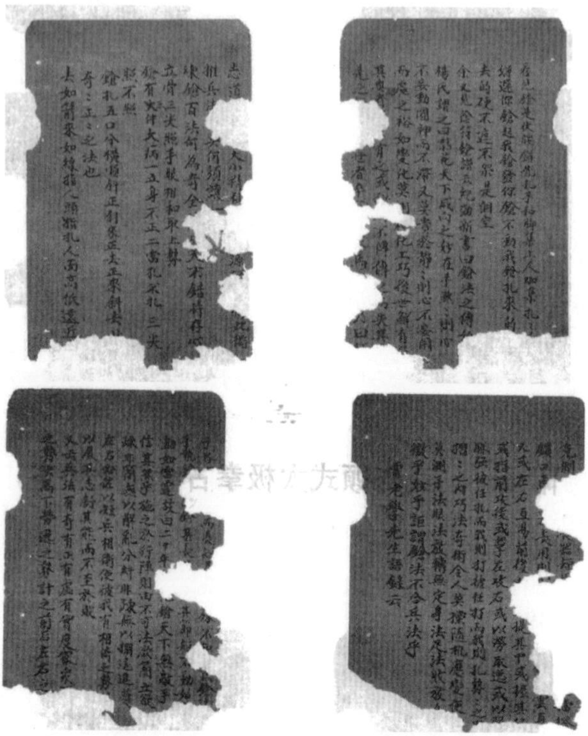

河北顧氏傳人陳利傳譜中《陰符槍譜》的資訊

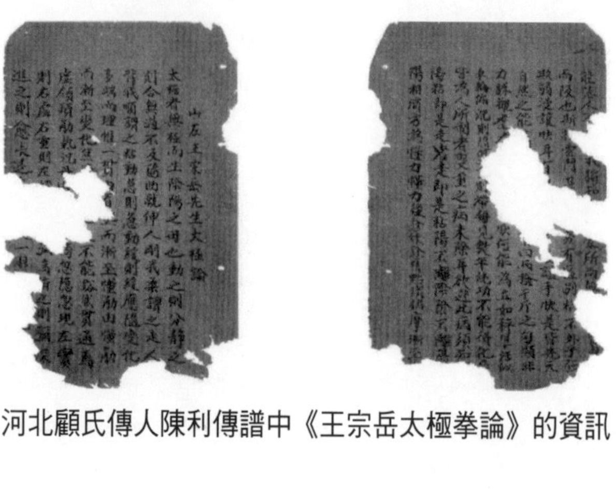

河北顧氏傳人陳利傳譜中《王宗岳太極拳論》的資訊

元傳譜並不存在，原來是王樹剛傳譜，也是陳利這一支的傳譜。

至此，筆者得出初步結論：河北郝三爺各太極拳傳系與姜容樵、姚馥春太極拳傳譜相合；吳孟俠傳譜與姜容樵、姚馥春太極拳傳譜相合；姜容樵、姚馥春太極拳傳譜與河北廣平陳氏陳利傳系相合；山西版《三三拳譜》、山西版《三三槍譜》與唐豪廠本、河北顧氏傳人陳利傳譜相合；乾隆時王宗岳《陰符槍譜》與《太極拳論》相合；武氏《王宗岳太極拳論》與山西、河北、北平《王宗岳太極拳論》相合。

上述發現，以及「此係武當山張三豐先師遺論」真相揭示等成果，將改寫太極拳的歷史，並提出新的大課題。更多相關課題及其深入探討有待學界展開。這是黃元秀先生此書的歷史價值及貢獻所在。

黃元秀先生的書是以辛亥革命過來人的歷練，寫光復後國人如何對待傳統武術，應該如何使之發揚光大。這點與李泰慧先生著作《心一拳術》背景相同。因此，這些前輩們是真心為國家及其後代受益而著述，其心胸視野自是不同。

吳孟俠先生民國三十三年《明武山莊武學手冊之一》原本

《太極要義》一書，是《國術統一月刊社》發行《楊家太極拳各藝要義》之後，第一部太極拳方面的獨立出版物。表面上看，兩者內容上有大量相同，但《太極要義》更加豐富的內容，正是黃元秀先生致力於武學事業，不斷完善作品的反映，這也是其用心所在。鑒於刊物發行量有限，黃元秀先生經過不斷努力，終於有了《太極要義》單行本。

該書整理於抗日戰爭時

期，意義特別，因物質匱乏而使用土紙出版，由文信書局印行。此書沒有了《楊家太極拳各藝要義》中的刊物附帶，以及其他學人的武學相關文字及歷史遺跡遺物等內容，篇幅內容也有增刪與不同，並有許多歷史名人之序，反映出當時政要人物對武術國粹及其黃先生的重視程度。除太極拳內容外，此書另有大量傳統武學的其他內容，增補了圖示。無論從哪方面講，黃元秀先生的武學專著都具有多方面的實用與學術價值，其中作序的相關人物，今日大都已成需要後人重點研究的歷史人物。

晚年，黃元秀先生又總結出《武術叢談續編》（一九五六年油印稿），更新其武學心得與成果，但限於歷史條件，僅在小範圍公開。雖個人身份以及社會地位不斷變化，但黃元秀先生為中華武學發揚光大的初心不改，世間罕見。如其一九五七年與海燈法師的交往及其留影，又為學界關於海燈法師武功疑問的爭論，提供了一個佐證。

唐豪先生、徐哲東先生等學人都曾以黃元秀先生著作為論據，考證相關課

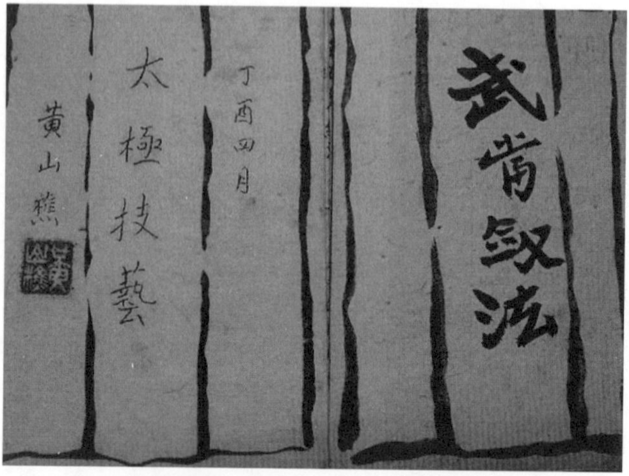

1957 丁酉年，黃山樵（黃元秀）撰《太極技藝》《武當劍法》

1960 庚子年，黃山樵撰《武當妙技》

1960 庚子年仲冬，海燈法師與黃元秀（時年七十又八）湧金公園對劍

題；移居瓜地馬拉的李英昂先生曾在《太極拳十三槍注》中讚譽，黃元秀先生是以科學方法整理太極拳；陳炎林編寫的《太極拳刀劍杆散手合編》一書，論勁、散手、太極拳表等，皆從黃先生著作而來。

遺憾的是，黃元秀先生的武術專著，除個別出版於民國時期，以前一直未能公開出版發行。大陸地區只在二十世紀八〇年代翻印過《武當劍法大要》一書。其餘都沒有機會再版或翻印，可謂遺珠棄碧。迄今為止，國內外尚沒有出版過黃元秀先生武學著作合集，這也是學界一大不足。

對黃元秀先生武學著作的首次合集出版，將會對傳統武學及其相關文化的研究與繼承、歷史迷霧的澄清、傳統武學的發揚與光大都有所幫助。無論初學者還是資深武學家，都會從這樣一位獨特人物的武學結晶中汲取到自己所需。這也是我們整理分享黃秀元前輩著作的初衷。

崔虎剛　於加拿大首都渥太華

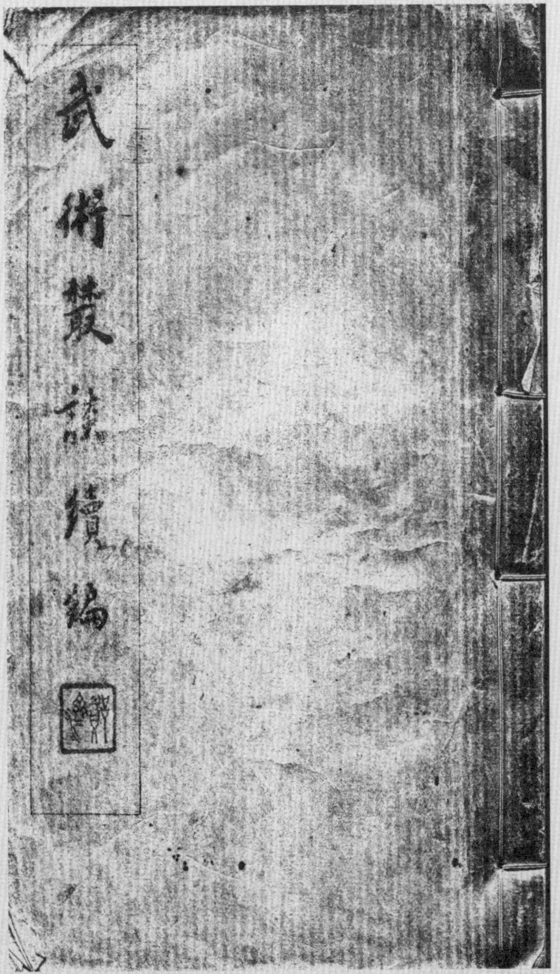
武術叢談續編

武術叢譚續編

黃文叔先生著

山陰田宿宇敬題

武術叢談續編

健康之寶

丙申仲冬月

田宿宇謹題

武術叢談續編目錄

人生有健康之身體，然後有卓越之事功，而健康之道由於鍛練，為一般人所共認。顧有老幼强弱之別，鍛練亦有徒手器械之異，其間復有內家外家與門戶派別之殊，其道至多，宜於甲者未必宜於乙，而最普被溫和盡人可以探討者，莫如太極一門，惟易於問津，難於深造，失之毫釐，謬以千里，此所以學者多，而精者不數數覯也。余同學黃山樵先生，為浙中宿儒，自幼愛好技擊，先後師事田紹先、楊澄甫諸先生，苦練有年，造詣甚深，為入室弟子，儕輩推崇，余嘗以大師兄尊稱之。先生慧根宿植，茹素學密，於武術外，能文善書，廣交遊，與孫祿堂、張兆東、杜心五、劉百川諸先生研究探討，互相尊重。又由李芳宸先生授傳武當劍術，有所成就，曾於公元一九三一年研練之餘，就其所知，輯有武術叢談一書，風行甚廣，茲經及門多人迭請續著，乃出

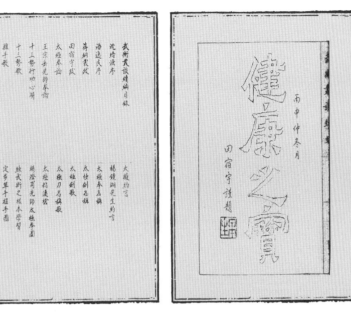

淞甫先生當年所授拳劍刀槍各圖、曩歲已以平素閱歷經驗所得、輯成培
篇、有志事業增進健康者、於良師益友外、可獲按圖參考之益、書成見示、並
徵序於余、以余之淺尠、無對可贅綴言、特感其先生自利利他之本懷、情何
能已、因而聊贅數語、藉以塞責云爾
公元一九五六年夏月七六朽人沈培滋序

吾浙素以擅天下山水之勝名、鍾靈毓秀、以是代有奇傑挺生、或以文章鳴、
或以勳業顯、或以俠義武功著、其姓名垂史冊、散見傳記者、蓋指不勝屈、其生
於前代、已為古人者、吾愧未及見、徒心嚮往之而已、其生於現代、身退處
林下、而巋然獨存、吾得以晤丰采而聆謦欬者、則有一人焉、黃山樵先生是
也、先生為吾浙宿將、詩書畫俱工、並精武術、足跡遍海內、多遇異人奇士、師
事之、得其薪傳而承其衣鉢、以故年逾古稀、以上遙望之、猶如五十許人、雍
容爾雅、粹然儒者、而內外功造詣俱深、著作尤富、所謂以文章鳴、以勳業顯、
以俠義武功著者、先生蓋兼而有之矣、可不謂之吾浙之奇傑也哉、歲丙申、
先生以所著武術叢談續篇見示、讀之益為心折、吾三十年前、亦曾師事楊
澄甫杜心五兩先生、惜囿於俗冗、淺嘗輒止、蹉跎歲月、至老無成、今讀斯篇、

彌增愧矣、篇中立論、皆深透闡悉中窾要、非得是中三昧者、不克道其隻字、
世之有志武術者、誠能于此一篇、深潛玩味、而身體力行之、必能悟妙得其
要、而蔚為名家也、吾譾陋無文、復傷弱不武、愧無以副先生之望、謹聊綴數
語、以誌景仰云爾、古越潘遁民誌時丙申初夏

跋

人身一小天地、陰陽寒暑、剛柔燥濕之義備焉、而動靜貴乎中節、修養貴乎
有常、流水不腐、戶樞不蠹、欲其動也、身如槁木、心如死灰、欲其靜也、求也退、
故進之、由也兼人、故退之、人一能之己百之、人十能之己千之、欲其有常也、
能中節矣、中也、能有常矣、庸也、不偏之謂中、不易之謂庸、自修身齊家以至
於治平、莫不由是、武術亦何獨不然、吾杭黃山樵先生、為浙軍名將、嫻武備

而兼文事、有雅歌投壺輕裘緩帶之風、三略六韜、九流百氏、罔不賅博、年齊
耆耋、歸老湖山、出其餘緒、著為武術叢談上下編、涵蓄湛深、詞旨明暢、所以
啟發後進者、至誠且篤、予得而展讀之、竊歎其用力之勤、潛持之密、為不可
及也、予不諳養生術、惟日常起居飲食、行止坐臥、出作入息之間、適可而止、
不戀既往、不企未來、不求分外、與山樵之說、蓋有不謀而合者、故行年六十
有五、頑健猶若成童、然以視山樵之清靈矯逸、則瞠乎後矣、夫強國必先強
種、強種必先強身、山樵此冊、示吾人以動止運行之準則、安得人手一編、為
東亞病夫解嘲於全世界也、敢以贅言介於學者、至其授受之源流、鍛鍊之
家數、沈潘兩序、已詳言之、故不贅述云、丙申初冬同里後學蔣炯宋

余少有羸疾、百藥難療、年十五、延同里黃奉聲先生授課、先生慮余體弱、出

家藏八段錦易筋經舊鈔珍本並授以習練方法、而先慈鍾愛逾恆、勿許乃子每晨潛持數月無間、胃納驟進、日須五餐、轉弱為強、繼又授以走陝板、打砂包等武術、行之未久、拳平步健、臂力勝儕輩、惜是歲仲冬、親命授室、自此輟學、壯乃奔走于衣食、今年逾花甲、尚無衰象、實得力於此、感念黃師、究同耳邊、中心耿耿、未報深恩於萬一、引為恨事、近識吾浙武術專家黃山樵先生、得揚聆其軼事、迺知八段錦為達摩祖師所傳、內練精氣神、外練筋骨皮、雖能脫胎換骨、余昔得此未能深造、所謂入寶山而空回、豈不大可惜哉、今讀其所著武術叢談上下編、理論精闢、可為實踐津梁、真能無師自通、不致盲修瞎練、增益身心、世不乏遭有志武術者、幸勿交臂失之、踏吾前轍焉、而

申冬十一月下浣紹興後學田寫宇謹識

太極拳論

未有天地以前、太空無窮之中、渾然一氣、乃為無極、無極之虛氣、即為太極之理氣、太極之理氣、即為天地之根荄。化生人物、始初皆為化生、一生之後化生者少、形生者多。如木中生虫、人之生虱、皆屬化生、若無身上汗氣、木無朽氣、如何得此根荄、可見太極之理氣、即是天地之根荄（缺有遺漏）

一舉動週身俱要輕靈、尤須貫串、氣宜鼓盪、神宜內斂、無使有凹凸處、無使有斷續處、其根在于腳、發于腿、主宰于腰、形于手指。由腳而腿而腰、總須完整一氣、向前退後、乃得機得勢。有不得機不得勢處、身便散亂、其病必于腰腿求之。上下前後左右皆然、凡此皆是意不在外面。有上即有下、有前即有後、有左即有右、如意要向上、即寓下、意若將物掀起、而加以挫之之意、斯根自斷、乃壞之速而無疑、虛實宜分清楚。一處有一處虛實、處處總此一虛實、週身節節貫串、毋令絲毫間斷耳。

王宗岳先師拳論

太極者、無極而生、陰陽之母也、動之則分、靜之則合、無過不及、隨曲就伸、人剛我柔謂之走、我順人背謂之粘、動急則急應、動緩則緩隨、雖變化萬端、而理唯一貫、由著熟而漸悟懂勁、由懂勁而階及神明、然非用力之久、不能豁然貫通焉。虛靈頂勁、氣沉丹田、不偏不倚、忽隱忽現、左重則左虛、右重則右杳、仰之則彌高、俯之則彌深、進之則愈長、退之則愈促、一羽不能加、蠅虫不能落、人不知我、我獨知人、英雄所向無敵、蓋由此而及也、斯技旁門甚多、雖勢有區別、概不外壯欺弱、慢讓快耳。有力打無力、手慢讓手快、是皆先天自然之能、非關學力而有為也、察四兩撥千斤之句、顯非力勝、觀耄耋能禦眾之形、快何能為、立如平準、活似車輪、偏沉則隨、雙重則滯、每見數年純功、不能運化者、率自為人制、雙重之病未悟耳。若欲避此病、須知陰陽、粘即是走、走即是粘、陰不離陽、陽不離陰、陰陽相濟、方為懂勁、懂勁後愈練愈精、默識揣摩、漸至從心所欲。本是捨己從人、多誤捨近求遠、斯謂差之毫釐、謬以千里、學者不可不詳辨焉。長拳者、如長江大海、滔滔不絕也、十三勢者、掤、攦、擠、按、採、挒、肘、靠、此八卦也、進步退步左顧右盼中定、此五行也、掤攦擠按、即坎離震兌四正方也、採挒肘靠、即乾坤艮巽四斜角也、進退顧盼定、即金木水火土也、此論句句切要、並無一字敷衍陪襯、非有宿慧、不易悟也、先師不肯妄傳、非獨擇人、亦恐枉費工夫耳。

十三勢行功心解

以心行氣、務令沉着、乃能收斂入骨、以氣運身、務令順遂、乃能便利從心、精神提得起、則無滯重之虞、所謂頂頭懸也、意氣須換得靈、乃有圓活之妙、所謂變轉虛實也、發勁須沉着鬆淨、專注一方、立身須中正安舒、撐支八面、行氣如九曲珠、無微不到、運勁似百煉鋼、無堅不摧、形如搏兎之鶻、神如捕鼠之貓、靜如山岳、動若江河、蓄勁如開弓、發勁如放箭、由中求直、蓄而後發、力由脊發、步隨身換、收即是放、放即是收、斷而復連、往復須有摺疊、進退須有轉換、極柔軟然後極堅剛、能呼吸然後能靈活、氣以直養而無害、勁以曲蓄而有餘、心爲令、氣爲旗、腰爲纛。先求開展、後求緊湊、乃可臻於縝密矣、又曰先在心、後在身、腹鬆淨、氣斂入骨、神舒體靜、刻刻在心、切記一動無有不動

一靜無有不靜、牽動往來、氣貼于背、斂入脊骨、內固精神、外示安逸、邁步如貓行、運勁似抽絲、全身重在精神、不在氣、在氣則滯、有氣者無力、無氣者純剛、氣如車輪、腰似車軸、

十三勢歌

十三總勢莫輕視、命意源頭在腰隙、變轉虛實須留意、
氣遍身軀不可滯、靜中觸動動猶靜、因敵變化示神奇、
勢勢揆心須用意、得來不覺費工夫、刻刻留心在腰間、
腹內鬆淨氣騰然、尾閭中正神貫頂、滿身輕利頂頭懸、
仔細留心向推求、屈伸開合聽自由、入門引路須口授、
工夫無息法自修、若言體用何爲準、意氣君來骨肉臣、
詳推用意終何在、益壽延年不老春、歌兮歌兮百四十、
字字真切義無遺、若不向此推求去、枉費工夫貽歎息

推手歌

掤擴擠按須認真、上下相隨人難進、任君巨力來打咱、
牽動四兩撥千斤、引進落空合即出、粘連粘隨不丟頂、

大擴約言

我擴他肘、他上步擠、我單手擠、他轉身擴、我上步擠、他進擴、我再擴、他上步擠

楊鏡湖先生約言

曰、輕則靈、靈則動、動則變、變則化。

太極拳名稱

1 預備式 太極起勢	2 攬雀尾	3 單鞭	4 提手上勢
5 白鶴亮翅	6 左摟膝拗步	7 手揮琵琶	8 左摟膝拗步
9 右摟膝拗步	10 左摟膝拗步	11 手揮琵琶	12 左摟膝拗步
13 進步搬攔捶	14 如封似閉	15 十字手	16 抱虎歸山
17 攬雀尾	18 斜單鞭	19 肘底捶	20 左右倒攆猴
21 斜飛勢	22 提手上勢	23 白鶴亮翅	24 左摟膝拗步
25 海底針	26 扇通背	27 撇身捶	28 上步搬攔捶
29 上步攬雀尾	30 單鞭	31 雲手	32 單鞭
33 高探馬	34 左右分腳	35 分腳	36 轉身蹬腳

左右摟膝拗步　進步栽捶　翻身撇身捶　進步搬攔捶
右蹬脚　左右打虎勢　右蹬脚　雙風貫耳
左蹬脚　轉身右蹬脚　進步搬攔捶　如封似閉
十字手　抱虎歸山　攬雀尾　斜單鞭
左右野馬分鬃　右野馬分鬃　左野馬分鬃　上步攬雀尾
單鞭　玉女穿梭　上步攬雀尾　單鞭
雲手　單鞭　斜身下勢　左右獨立金雞
倒攆猴　斜飛勢　提手上勢　白鶴亮翅
左摟膝拗步　海底針　扇通背　轉身撇身捶
轉身白蛇吐信　進步搬攔捶　上步攬雀尾　單鞭

左右雲手　單鞭　高探馬　轉身右蹬脚
左摟膝指襠捶　上勢攬雀尾　單鞭　斜身下勢
上步七星　退步跨虎　轉身雙擺蓮　彎弓射虎
上步搬攔捶　如封似閉　十字手　合太極
（攬雀尾中動作即是掤攄擠按四動作）

太極叙名稱

三環套月　魁星勢　燕子抄水　左右邊攔
小魁星　燕子入巢　靈貓捕鼠　鳳凰點頭
黃蜂入洞　鳳凰右展翅　小魁星　鳳凰左展翅
釣魚勢　左右龍行勢　宿鳥投林　烏龍擺尾

青龍出水　風捲荷葉　左右獅子搖頭　虎抱頭
野馬跳澗　勒馬勢　指南針　左右迎風打塵
順水推舟　流星趕月　天馬飛瀑　燕子啣泥
挑簾勢　左右車輪　燕子啣泥　大鵬展翅
鳳凰點頭　海底撈月　懷中抱月　哪吒探海
犀牛望月　射雁勢　青龍現爪　鳳凰雙展翅
左右跨欄　射雁勢　白猿獻果　左右落花勢
玉女穿梭　白虎攪尾　魚跳龍門　左右烏龍絞柱
仙人指路　朝天一柱香　風掃梅花　牙笏勢
抱劍歸原

太極劍歌

劍法從來不易傳。直來直去是幽玄。若仍灣我如刀割。笑死三丰老劍仙。

註　劍法有十三勢、其中以乘機而刺、順勢而帶、此兩法是最難練。而對方最難避。學者須練功至劍尖。方合此法。其詳見武當劍法。

太極刀名稱歌

七星跨虎交刀勢、騰挪閃展意氣揚、左顧右盼兩分張、白鶴展翅五行掌、風捲荷花葉底藏、玉女穿梭八方勢、三星開合自主張、二起脚來打虎勢、披身斜掛鴛鴦脚、順手推舟鞭作篙、下勢三合自由招、左右分水龍門跳、卞和攜石鳳還巢、吾師留下四方讚、口傳心授不能忘、攬、斫、剁、截、刮、撩、挑』。

太極黏連槍（太極十三槍之初步四槍法，其執槍步位，與普通槍法

（同）

甲頭一槍進步刺心、甲二槍進步刺腹、甲三槍進步刺膀、甲四槍進步刺喉、註此名四粘槍。甲前進時照上法粘連乙槍而刺。乙粘連甲槍而退。到第四槍甲刺喉止。再由乙前進刺甲之心腹膀喉而甲粘乙槍後退至第四槍止。於是更番交換練習之。（其詳見下圖）最注意者、甲乙二人之槍、不分不丢、始終粘連。續編各圖、僅註名稱、而無動作說明、蓋凡百技擊必須經師面授、再三指示、方可學習、決不能無師自通、照書擬作、而圖不可少。見圖可知大概形狀、較之字裏行間所說清楚多矣、

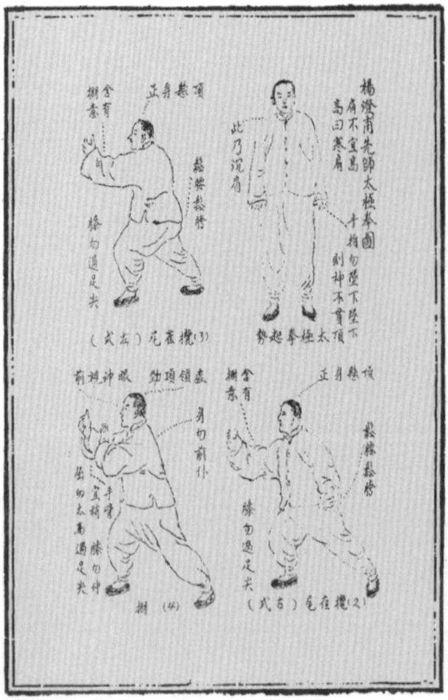

太極拳起勢
(2)攬雀尾（右式）
(3)攬雀尾（左式）
(4)掤

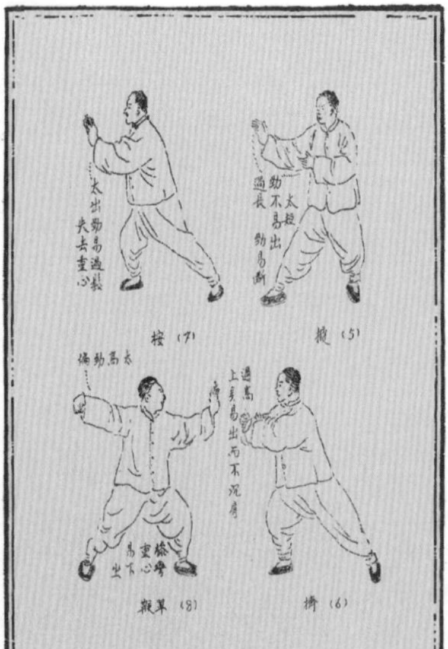

(5)攦
(6)擠
(7)按
(8)單鞭

(9)提手上勢
白鶴亮翅（左式）
(10)白鶴涼翅
(12)手揮琵琶

身宜中正
勿前仆
臂勿太直
弧線形勿太伸出
(13)
步拗膝摟(式右)
摟攔搬步上(15)
勁頂領虛
身勿前仆
尾閭中正
勿太出太出勁過
式臂搬後捶身撇(14)
閉似封如(16)

身勿太偏
偏則勢背
背與肩齊
勿高勿低
(三)山歸虎抱(19)
(一)山歸虎抱(17)
身勿太前仆
虛領頂勁
兩肩宜沉
肘與膝齊
勿偏勿斜
手勿過低
捶底肘(20)
(二)山歸虎抱(18)

身宜正勿太前仆
身勿前仆
則失重心
膝勿出足尖
式飛斜(23)
(式右)猴攆倒(21)
目視手
氣沉丹田
臀提目視前
勿失重心
膝勿太出
針底海(24)
(式左)猴攆倒(22)

身中正勿前仆
勁由背發
身勿太偏
須求勢順
背通扇(25)
(二)捶身撇身翻27
掌勿太高
拳勿偏過宜中正
身勿前仆
肘垂臂略彎
勿太直
拳與平略齊
(一)捶身撇身轉(26)
捶攔搬步進(28)

(一)手雲(29)
(二)手雲(30)
(三)手雲(31)
馬探高(32)

(一)脚分右(33)
(二)脚分右(34)
(一)脚分左(35)
(二)脚分左(36)

脚蹬身轉(37)
步拗膝摟右(38)
步拗膝摟右(39)
栽步進(40)

(一)捶身撇身轉(41)
(二)捶身撇身轉(42)
脚踢右(43)
虎打左(44)

手足要平
身勿太偏
膝勿過足尖
脚踢左(47)
虎打右(45)
足底蹬平
拳勿過高
兩拳距離勿太近
脚蹬身轉(48)
耳貫風雙46

爲太直太勿手
身勿太偏
膝勿過出足尖
身宜中正勿前仆
式左)鬃分馬野(51)
鞭單擺(49)
爲太直太勿手
手勿太直
膝勿過足尖
膝勿伸出足尖
(一)梭穿女玉(52)
(式右)鬃分馬野(50)

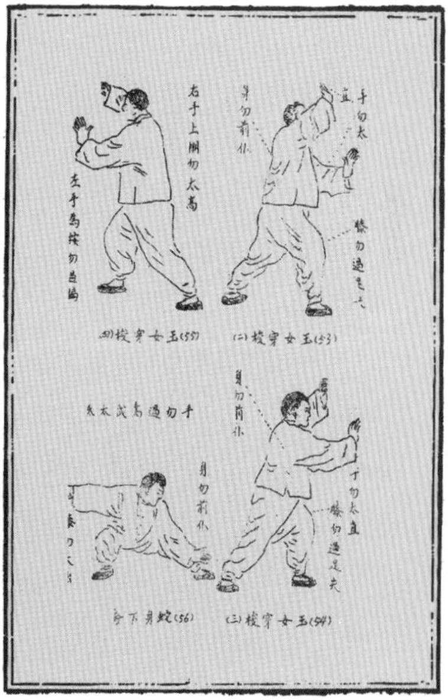
右手上掤勿太高
左手為按勿过偏
身勿前仆
手勿太
膝勿過足尖
(四)梭穿女玉(55)
(二)梭穿女玉(53)
手勿過高或太
身勿前仆
身勿前仆
手勿太直
膝勿過足尖
身下蛇(56)
(三)梭穿女玉(54)

身勿太偏
左掌含有沉勁
虛靈頂勁
眼神視手
含胸拔背
信吐蛇白身轉(59)
(式右)立獨鷄金(57)
直太勿臂
身勿前仆
身勿太伸
手勿過高
肘與膝相合
手字十(60)
(式左)立獨雞金(58)

轉身十字腿(61)

上步七星(63)

摟膝指襠捶(62)

退步跨虎(64)

轉身擺蓮(65)

合太極(67)

彎弓射虎 66

本編各圖內有三次雲手三次倒攆猴因式樣相同故未重會學者應依太極拳全套名稱習練

馬步站樁式

摟膝拗步

仆腿式

倒攆猴

練武術之根本學習。（為師者不可不從此學起）
拳師之根本功夫，至少練(一)站樁，(二)壓腿，(三)走趟步。
站樁不站樁，腰腿沒有根，站立不穩，即前圖上四式（至少四式）。壓腿踢腿，遊腿，非如此則腿踢不高，蹬腿不直，沒有勁，普通踢蹬至少腳尖要踢到鼻尖，深一點工夫到嘴唇，再深到下頷，吾師海澄和尚腳背可以貼頭頂，平時常走趟步，其形狀彷彿太極拳中摟膝拗步，前進而行，環行直行皆可，但忌腳步有响聲，腰背要直，不可彎腰曲背，不走趟步，練拳出步不快，襠胯不能鬆下，就是身法不好，非但沒功架，即運動筋骨說，亦少一部分運動也。
以上所說，無論武當門少林門一切練武術者，皆從此學起，這是最起碼條件，尚有各專門工夫，限於篇幅，不多及。

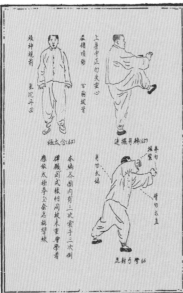

練武藝與做廣播操徒手體操等等不同，皆有特別傳授，克苦學習，極盡堅毅忍耐工夫。例如漢時張良，圯上遇黃石公，三進其履，而得其書，諸葛武侯在山中師事高僧三年，而得天文地理行軍治國之學，出將入相，為一代完人（梵天廬叢話載）古來名臣良將，其所以成豐功偉業者，皆由積學而成，並非偶然獲得，尤其是對於師長之侍奉，必須敬師重道，如岳武穆王幼年學藝時，極尊敬其師，迨其師逝世，稟明尊人，為師服喪三年，師歿後，尚如此追念，其生前之尊敬可知，故岳王立功衛國，由其武術超群，實得師特別傳授也，須知為師者，功夫得來不易，皆由苦練而成，當然不肯輕易教人，故為徒者，務必極盡恭敬孝順之道，方與業師之特別傳授，應知教與傳不同教者普通之學習，傳者另有特別功夫，非尋常之指教也、

功夫與工夫不同，工夫指每日練習而言，如木作農夫之每日作工，至功夫二字，是某種技藝練到生出功效，在任何場合，任何時間，皆能不失功效，例如晚清董老公，他是八卦門名師，原係太監出身，迨臨命終時，徒弟為其換鞋，他口不能言，而心中不願，兩手一托，其徒送出窗外，已到絕命斷氣時，其功猶尚在，真可謂成功者矣

練武藝，必須深究理論，克苦實踐，理論有書面記錄，有口頭傳述，書面記錄者，俗稱拳譜，口頭傳述者，江湖上稱為春點，即是口訣，所謂「能教千斂藝，其教一口春」所謂得訣不得訣，若得訣事半功倍，不得訣，枉費工夫，遺太惜，太極拳論）理論即是技藝中先進經驗之記錄，也是歷代先師經驗之結晶，俗語云，不如山下路須問過來人，實踐即技藝中之工作，即是經論上之實踐，一而二，二而一，兩者不可缺一，否則便是盲修瞎練，目前不見損傷，日後必生疾病，深願有志青年，三復斯言、

為師者如遇相當可造之才，必須盡心傳授，大將軍年羹堯書房聯曰，誤人子弟，天誅地滅，薄待師傅，男盜女娼，是聯極盡師弟之情誼矣、

上列各節，前為已詳論，今再複述者，願學人勿誤入歧途，為師者勿深閉固拒，而勿傳也、

定步單手推手圖

(1) 單按式之一

(2) 單按式之二

雙手平圓沾黏推手法

定步推手甲掤式　(2)定步推手甲擴式

(3)定步推手擠式

(5)定步推手甲化式

(4)定步推手甲按式

活步推手

在定步推手練至腰腿均可沾黏連隨，身法步法咸能和順自然，隨機應變，無絲毫拙力後，進一步乃練活步推手，使週身上下一致，在動步時，能化人發人。練法，初時兩人盤圓圈，使手足前進後退左顧右盼中定，務能合拍，快慢平勻，萬不可手快足慢或手慢足快，亦不可足未到而手先到或手未到而足已到。其步法亦如定步推手，合步順步均可。例如甲乙兩人對立，各將右足踏前一步，甲雙手按乙右手肱部，同時右足提起向前踏進半步，乙被按後，即坐腰鬆胯坐腿，向後化之，同時右足向後退半步（此為右式，左式亦同）。甲按勢將盡，後以左足　前一步，或攻或守，再將右足上前一步，或擠或按；乙化甲或擠或按，後右足向前踏出半步，雙手按甲右手肱部，甲坐腰鬆胯坐腿，向後化之，同時左足向後退半步。總之，進者為二步半，退者亦為二步半。二人掤、擴、擠、按、化，一如定步推手，須式式分清，隨勢應用。此乃初步練習方法。藝深者可不拘步數。至於楊家老式活步推手，其進退步法與上述者不同，前步進者，後步并上，後步退者，前步後收，進退二步，或四步，或六步均可，惟皆須以腰腿為主動樞紐。動步宜分清虛實（倘二人為順步者，則進者之第一步，當置於退者足之外側面），一切動作，較上述為難。活步推手，除身體中正，虛領頂勁，含胸拔背，沉肩垂肘，氣沉丹田，尾閭收住，鬆腰鬆胯，週身一致外，至有相當程度後，於內部氣之呼吸，亦當注意。惟初練時，祇求自然可矣，不必顧及，因外式尚未純熟故也。內部氣之呼吸，可參閱卷一第九頁太極拳中氣之呼吸及運氣法章內。活步推手，除練腰腿手足

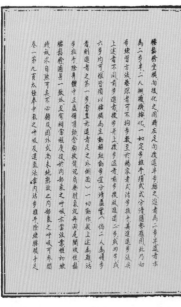

上下一致外，尚能使氣分延長，少身耐勞，此乃補定步推手之不足，而活步推手亦分高中低三種架子，初步練高架子，次練中架子，後練低架子，依次練熟後，復須同時練習此三種架子，在活步推手時，除前進後退左顧右盼，意氣相合，眼神注視外，對於中定尤須加以注意，否則不能化人發人，且己之重心易失，故太極拳老譜中云「退圈容易進圈難，不離腰腿後與前，所難中土不離位，退易進難仔細研，此為動功未站定，使身進退並比肩，能如水磨催急緩，雲龍風火相周旋，要用天盤從此識，久而久之出天然」，由此可見活步推手之重要矣，至於詳細動作，則非經教者之口授心傳不可。

定步大攄圖

掤　在敵閃己，或擠己，或按己手時，用腰腿勁以背掤之

攄　在敵閃己面，或按己肱部時，用腰腿勁攄其閃手之臂

擠　在將攄時，己若不用攄，或閃來勢，可變為擠

按　在敵靠己後，用手法、步法、身法，上下一致，上步變手變按

採　在攄敵時，執敵之手腕，以腰腿勁往下採之

挒　在採後或攄後，用腰腿勁，以手背向敵頸間斜擊之

肘　在敵攄己時，被攄之手臂，可變為肘，肘可擊敵之心窩部，其勢甚猛，惟不善用者，易於傷人

靠　在敵攄己時，以被攄手臂之肩，上步靠敵心窩，靠在大攄中，雖知者甚多，惜乎多用之不得其法，如距離過遠，或太近，均不能得勢，過遠則衝撞，太近則勢閑，故靠時己身須中正，腳步插入敵人襠中，兩肩平沉，切一束一放，用腰腿勁加以意氣向前往下靠之，其勁為寸勁，或分勁

閃　在攄敵後，防敵靠己，遂以手掌閃其面部

按　在攄敵時，一手執敵手腕，一手放敵肱部，用腰腿勁採敵攄手之肘部，隨彎俯身往下，向前按沉其臂

總之，無論何式，均須合太極拳基本要點，即虛領頂勁，含胸拔背，沉肩墜肘，坐腰鬆胯，尾閭中正，上下一致，他如腰腿勁加以意氣，及眼神注視，尤為大攄中之主要原則，此外尚有一點，不可不注意者，即大攄時，雙手必須與敵相黏（至少一手如此），否則勁斷，易為敵乘隙而入，而己亦不能知敵之勁路矣，又兩手必須互相衛護，如在靠敵時，另一手須附於靠手之肘彎內部，以防敵之擊背或閃面部，如在攄時，另一手則須拿住敵近己身之手臂，否則己未攄敵，而反為敵以肘擊己心窩，凡此類詳細切要關鍵，非經名師口授不可，至於大攄中氣之呼吸，可參閱卷一第九頁太極拳中氣之呼吸及運氣法章內

至大攄之方法，大概可分為二，一為動作方向皆固定者，一為動作方向不固定者（即可自由之意）

(1) 大攄甲掤式

(2) 大攄甲攄式

(3) 大攌甲閃式

(4) 大攌乙按式

活步大攌圖

大攌甲捋式

(6) 大攌甲採式

(7) 大攌甲橫挒式

(8) 大攌乙用肘式

(9) 大攌甲靠式

(10) 大攌乙挒式

太極劍　太極劍與武當劍（參看陳氏拳譜武當劍法大要
太極劍亦稱十三勢劍、有十三字訣、抽、帶、提、格、擊、刺、點、崩、攪、壓、劈、截、洗、為楊
家晚年著名武藝之一、劍式姿勢美觀、用法與妙、動作全以腰腿為主、不離
乎太極拳之原則、動作時發宜虛領頂勁、含胸拔背、沉肩垂肘、鬆腰活腕、氣
沉丹田、勁由脊發、惟此劍易學難精、凡初學之人、於未有深功時、貿然練習
、每每有強拗斷續姿勢欠美等現象、斯皆因腰腿無功、不明用法所致、本編
為使學者確實了解起見、特在敘述太極劍動作與用法前、略將劍之正義
稍加闡明、俾便好此道者、有徑可蹊、而免誤入歧途之虞、夫劍（除去刀外
為兩面有口利器、不分正反面、兩面均可使用、銳利異常、用者萬不可以手
抽拔或黏靠身體、或在頭擱樑、否則人未受損、而己已受傷矣、是以用劍必

須週身輕靈、動作敏捷、精神提起、上貫於頂、呼吸自然、眼視劍尖、使精氣神
與劍合而為一、手之執劍、須輕鬆靈活、不可以五指握之太緊、有礙活潑、祇
須以大指中指及無名指、三指執之、其食指與小指、宜於常鬆開、而掌中亦
當空虛、如執筆狀、其出劍內勁、起於丹田、以下背、由臂達於劍尖、發時如
矢之赴的、勇往直前、人劍微動、而己劍已到、夫如是然後可以出神入化、語
用劍之妙、盡劍法之長、至劍之效用、最要者乃在攻人之腕（手腕）在與
人武器交手時、被非首劍其腕、則對方所持武器、即失其效用、古代藝高者
之名劍、在劍首二三寸處、鋒口必非常鋒利、蓋即以之能攻人之腕、刺人之
心、刺人之膝也、此外對於劍鐔（即劍柄尾部）亦當注意、務使另一手常
置鐔後、勿越過鐔前、俗云、「單刀看手、雙劍看鐔」、學者能明乎此、則大成

可矣焉、
太極劍名稱
（一）起勢　（二）上步合劍式　（三）仙人指路　（四）三環套月　（五）大魁星　（六）
燕子抄水　（七）左右攔掃　（八）小魁星　（九）黃蜂入洞　（十）靈貓捕鼠　（十一）
蜻蜓點水　（十二）燕子入巢　（十三）鳳凰雙展翅　（十四）右旋風　（十五）小魁星　（十六）
左旋風　（十七）等魚式　（十八）撥草尋蛇　（十九）懷中抱月　（二十）送鳥上林　（廿一）烏
龍擺尾　（廿二）風捲荷葉　（廿三）獅子搖頭　（廿四）虎抱頭　（廿五）野馬跳澗　（廿六）翻
身勒馬　（廿七）指南針　（廿八）迎風撣塵　（廿九）順水推舟　（三十）流星趕月　（卅一）天
鳥飛瀑　（卅二）挑簾式　（卅三）左右車輪劍　（卅四）燕子啣泥　（卅五）大鵬展翅　（卅六）
海底撈月　（卅七）懷中抱月　（卅八）夜叉探海　（卅九）犀牛望月　（四十）射雁式　（四十一）

青龍探爪　（四十二）鳳凰雙展翅　（四十三）左右跨攔　（四十四）射雁式　（四十五）白猿獻果
（四十六）落花式　（四十七）玉女穿梭　（四十八）白虎攪尾　（四十九）魚跳龍門　（五十）烏龍絞柱
（五十一）仙人指路　（五十二）風掃梅花　（五十三）千斤牙笏　（五十四）抱劍歸原

（1）起勢

（2）上步合劍式

（3）仙人指路

（4）三環套月（一）

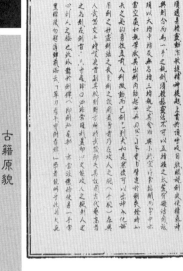

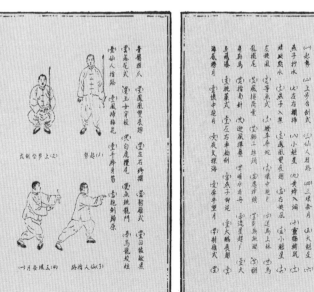

水抄子燕(8)

洞入蜂黃(12)
星魁小(11)

(二)巢入子燕(16)

翅展雙凰鳳(18)
(三)巢入子燕(17)
式魚等(20)
星魁小(19)

(二)掩奇捲風(27)

(二)蛇吞草撒(22)
(一)蛇吞草撒(21)

(二)鳳迎(35)

(42)左右車輪劍(三)
(41)左右車輪劍(二)
(44)海底撈月
(43)大鵬展翅

(38)天馬飛瀑
(37)流星趕月
(40)左右車輪劍(一)

(50)鳳凰雙展翅
(49)青龍探爪
(52)左右跨攔(二)
(51)左右跨攔(一)

(46)夜叉探海
(45)懷中抱月
(48)射雁式
(47)摩斗望月

梭穿女玉(54)

果獻猿白(53)

(一)柱絞龍烏(56)

尾擺虎白(55)

(二)柱絞龍烏(57)

(三)柱絞龍烏(58)

(二)路指人仙(60)

(一)路指人仙(59)

(一)原歸劍抱(62)

勞牙捧手(61)

(二)原歸劍抱(63)

太極劍歌

劍法從來不易傳　如龍似虹
最幽玄　倘若砍伐如刀式
笑死三丰老劍仙

太極刀名稱歌

七星跨虎意氣揚　白鶴凉翅踏退藏　風捲荷花隱葉底
推窗望月偏身長　左顧右盼兩分張　玉女穿梭應八方
獅子滾球向前滾　開山巨蟒轉身行　左右高低蝶戀花
轉身指捺如風車　二起腳來打虎勢　鴛鴦腿發半身剛
順水推舟鞭作篙　翻身分手龍門跳　刀劈華山抱刀勢

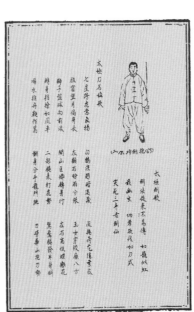

六和揚石圖南集
星七步上(2)
勢 起(1)

撩 左(7)
式刀藏身轉(5)
刀拾斜(6

拉 平(11)
刀 推 正(9)
式刀藏頭盤身轉(12)
按穿女玉(10)

式 刀 撩(15)
式 刀 搭(16)
捎 右(14)

抱刀式(23)　跳步刺刀(21)

力劈華山(22)

順水推舟(一)(19)　撒步打虎勢(17)

順水推舟(二)(20)　轉身盤頭藏刀式(18)

單練刺槍法

太極門中刺槍法，初學先練開合，如圖，此法完全在腰動，胯動次之，身體中正，兩足分虛實，左手執桿向左仰為開，向右覆為合，桿頭與目齊，右把在腰間。

開勢(1)

合勢(2)

收刀勢(26)　刺刀式(24)

翻身換步砍刀式(25)

滑刺勢　其法前把揹鬆，使後把將桿向前逼出，逼至左右兩手把相迫，務使全桿向前方直出，桿尖直向目標，兩手掌在逼出時向上，收回時向下，如一綑一綫。

(3)滑刺勢

(1)變人平圓沾黏扎桿法(肩刺式)

(2)變人平圓沾黏扎桿法(腿刺式)

(1)變人立體圓形沾黏扎桿法之一

(2)變人立體圓形沾黏扎桿法之二

(1)變人動步扎四桿法之一

(2)變人動步扎四桿法之二

(3)變人動步扎四桿法之三

太極拳用法散手對打圖

(附)雙人動步扎四桿法之四

1（上手）上步捶

2（下手）提手上步

3（上手）上步攔捶

4（下手）搬　捶

5（上手）上步左靠

6（下手）右　打　虎

7（上手）打　左　肘

推 右（手下）8

接身劈左（手上）9

靠 右（手下）10

亂打左步撇（手上）11

接身劈右（手下）12

拂上手摸（手上）13

接 身 靠（手下）14

接身劈疊捐（手上）15

16 (下手)搬捶(開勢)

17 (上手)橫刺手

18 (下手)左(換步)野馬分鬃

19 (上手)右打虎(下勢)

20 (下手)轉身撤步攬

21 (上手)上步左蓋

22 (下手)轉身按

23 (上手)雙分蹬脚(退步跨虎)

24（下手）指 襠 捶

25（上手）上步採挒

26（下手）換步右穿

27（上手）左挒右劈捶

28（下手）白鶴涼翅（蹬腳）

29（上手）左 崇

30（下手）撤步採臂

31（上手）轉身按（撥臂）

耳灌風雙(手下)32

按　雙(手上)33

挨股勢下(手下)34

(臂右)推單(手上 35

臂　握　右(手下)36

按　勢　順(手上)37

掌右打化(手下)38

推　化(手上)39

肘右打化（手下）40

挒　捋（手上）41

掀　步　換（手下）42

虎　打　右（手下）43

擻步撒身錘（手下）44

氣左步上（手上）45

擠　回（手下）46

（步換）氣分雙（手上）47

(下手)轉身左斜(換步) 48

(上手)打右肘 49

(下手)轉身金雞獨立 50

(上手)退步化 51

(下手)蹬腳 52

(上手)轉身上步靠 53

(下手)挒左臂 54

(上手)轉身(換步)右分腳 55

膝摟右分雙（手下）56

腳分左（步換）身轉（手上）57

膝摟左分雙（手下）58

靠右手換（手上）59

靠 右 回（手下）60

尾雀攬左步上（手上）61

手 雲 右（手下）62

尾雀攬右步上（手上）63

64（下手）左雲手

太極拳簡史

太極拳，相傳為張三丰所傳，張三丰名通，字君實，遼陽人，元季儒者，善書畫工詩詞，中統元年，舉茂才異等，遊寶雞山，見有三峰挺秀，因號三丰子，洪武初，召之入朝，路阻武當山，夢玄武大帝授以拳藝，且以破賊，故名曰武當派，傳張松溪，張翠山等人，或曰三丰係宋徽宗時人，值金侵入寇，彼以一人殺金兵五百餘，山陝人慕其勇，從學甚多，元世祖時，有西安人王宗岳，得其真傳，名聞海內，著有太極拳論，太極拳解，行功心解，推手歌，總勢歌等，轉輾傳於浙東，王征南，又傳河南蔣發，蔣傳于懷慶陳家溝陳長興，時有楊露禪名福魁者，直隸廣平永年縣人，聞其名，與李伯魁共往師焉，陳見其勤苦學習，感而傳其秘，楊歸遊燕京，客諸府邸，遂親貴王公貝勒多從受業焉，楊有三子，長名錡，早亡，次名鈺，字班侯，三名鑑，字健侯，亦曰鏡湖，皆負盛名，有子三，長曰兆熊，字夢祥，仲名兆元，早亡，叔名兆清，字澄甫，於民國十八年，浙江國術館聘為教務長，從其學者多人，後因政變離浙，寓滬未幾，為粵桂當道聘往授藝，著有太極拳體用全書，澄甫先師，身軀偉岸，性情和靄，教人先以耐長，後求緊凑，所授各藝，拳劍刀槍等，秉承家學，當時有增減拳套中動作者，澄師極不以為然，曰，吾輩之藝，能超先輩否，甚未學成，便欲改革前輩典範，太不自量也，平時與人推手，常發人兩三丈外，二人對槍時，其勁尤猛烈，非殺練有素，學有成就者，不能領略其工夫，誠非一般拳師中所能表演者也，（某年上海寧波同鄉會，舉行歡迎楊老師會，其中有多年拳師武滙川者，與楊老師表演對槍，兩桿相交，楊舉一槍，武蹤跌尋丈外，如是者三次，在場觀者均露驚駭之色，武竟無以自衛，後經人詢楊，武何以如此，楊曰，武身長力巨，不善化用，反受其累，此用槍勁法，來者勁愈大，跌愈遠，推手法中亦如此，若初學，或婦人孺子，決無如此之狼狽云云，當時編者，亦在歡迎之列）

應用約言

太極拳譜中所云，約言之，內練心意氣，外練筋骨皮，至於應用法，總（手上神經之感覺，非耳聽）化拿與發曰四要，凡聽者手上，臂上，肩上，與對方接觸時之感覺，因聽而生變化，即將對方之勁化而為空，譜上云引進落空之謂，下句云合即出，合即是拿，出即是發，即是發勁之發，換言之，即是引對方對我使用之力，落於空，而我合彼之力，而發出之，並非四要法專用於此，其他如掤捋擠按，採挒肘靠，八法中，皆遇有此四要之時機，即用此四要，無論

後推手，在大擴，在散手，在器械，皆能用之。（其詳細見本談前編中表解）總之學人熟讀中所云，盡心揣摩，經師指導，自然能用也。

武術修練與健康

武術者，包括鬥毆與技擊，如步戰、馬戰、水戰等之總稱，徒手相撲謂之鬥，器械相擊謂之戰，中有個個戰鬥、集體戰鬥之別，水滸傳中武松血濺鴛鴦樓，林沖棒打洪教頭，為個個戰鬥，若用單行陣，以多數人在廣場上互戰，為集體戰鬥，其中有戰術、戰略、戰陣之分，（陣圖陣營陣式）運用之法，為兵法，古來軒轅氏破蚩尤，韓信敗楚，皆用陣法戰敗敵人，而達政治之目的，今暫不論，茲就徒手之鬥毆、持械之技擊言之，太極門各藝，其練習之綱要與程序，在前編中已言之，今再補述條擬於左。

關於修練

練拳之根本，先應站樁，站樁是練藝之根，習套是練拳之本，站樁初從八式站起，至少須站提手上勢、手揮琵琶、單鞭、倒攆猴、雲手等五式，站練到相當時間，繼學拳套，此兩級是學武藝之入手根本，非學太極拳如此，即少林門各藝，站馬步入手，是武藝必經之路，行家所謂根蒂功夫也。

太極門各藝練習，分五步，(1)站樁，(2)習拳套，定步推手、活步推手、定步大擴、活步大擴，(3)定式散手、不定式散手，(4)學器械劍、刀、槍，（先短後長）(5)教師視練，所謂視者，即為師者以身作靶，實地與徒實擊，在此反復實擊時，師隨時指示其距離、時間、發勁、破法等等，師身與徒試驗之，此步功夫，古來為師者，極少教授學徒，有機試之者頗哉，或可得之。

交戰之距離與其他

一、距離　為練習中最重要之事，例如持槍作戰，若二人相距太近，不能用其長，相距太遠，則有所不及，尤其在馬戰車戰更為重要。

二、時機　時機果然快者勝於慢者，但不能得機亦難取勝，故須得適當之時與機位，機位即當時之環境。

三、發勁　既得其距離，又得其時機，若發勁不足（冷勁、斷勁、接勁）等於虛作其勢，反為敵人所乘，而受其制，學發勁，即先學貫勁、出勁、移勁（務必避去僵勁）

四、破法　見敵以何法來攻我，以何法破之，武藝中方法甚多，學者不能全學，當度自身合式之技，專門單練一二種，務必以善工，而後用之必能

致勝

上列四種，屬於外功，其更重要者，是內功，即心要沉著，氣要沉長，若心浮氣燥，雖有絕技，亦不能制勝，古語曰，泰山崩於前而不驚，猛虎竄於後而不慌，氣不沉長，不能持久，若氣一喘，心即慌，惶惶然無所措手足，雖有機位，亦不能制敵矣。

若不從上列各項學習，只習某套拳某套劍，幾路刀，幾路槍，是等于跳舞，決不能防身衛國，得其實用，稍稍於手腳上靈活而已，技擊家常言曰，三年好把勢，不如一年爛戲子，因昔通拳師，只練其空架，未練其實用，不如戲劇中武生，每日三場五場，跳打奔騰，刺擊旋繞，皆能應付自如，試不可輕視其技術也。

學習武術、無論徒手與器械、必須要有師承、要有傳授、要有理論與實踐、理
論就是各家拳譜、實踐就是練身心、理論就是先進經驗、實踐就是理論
之實驗、兩者不可分離、專講理論是空談、專做動作是瞎練、盲修瞎練是有
害而無益、其害處有在目前看到、有在日後發見、練形意拳、打明勁不得法、
便要傷腳根、但明勁未打通、不能練暗勁、如何使不受傷而能打通、須師傅
面傳口授、現在常見自出花樣、別出心裁、將從前祖師所傳的加上一拳兩
脚、或者減去一手兩手、自己杜撰的來教人、簡直拿來學的作試驗品、如其
練壞了身體、總說他自己練的不好、形意拳譜有十二本、八卦拳譜有兩本、
陳微明編著的一本、太極拳譜楊家的一本、陳家溝的兩本、山西郝家的一
本、皆是明代傳下來拳譜、即是歷代祖師心血的結晶、也就是致用的說明、

例如達摩八段錦、「搖頭擺尾去心火、兩手扳足固腎腰、調理脾胃單舉手、
雙手托天理三焦」、此是很簡單的動作與理論同時說明、拳譜是複雜的
說明、萬萬不能離開拳譜去學拳、沒有傳授、沒有理論的來教拳、等於不明
醫理不明藥性的人來治病、非但練不好身體、一定有危害性、一時不覺、積
日多便發見、倒不如做廣播操來得快活

太極拳之動作、人人皆知要緩慢、要無力、初學者當然從緩慢入手、不慢則
動作不能周到、但不能呆滯、不能僵硬、不能閉氣、若呆滯僵硬、即不能鬆腰
活胯、使氣血不能充沛流行、跡近阻礙、倘胸中閉氣、則更為不可、「譜曰、極
柔軟然後極堅剛、能呼吸然後能靈活」、人之呼吸長短深淺各個不同、最
好聽其自然、不必故意做作、反礙各人先天自然之能、動作中最緊要者、如

譜云「一舉動週身俱要輕靈、尤須貫串、無使有凹凸處、無有斷續處」、不
用僵勁、不呆滯、方可輕靈貫串者、綿綿不斷、腳手腿腰連貫一氣、而不停滯、
普通學人皆注意在手腕、實際上最要者在腰腿、譜曰、「其根在於腳、發於
腿、主宰於腰、形於手指……有不得機不得勢處、身便散亂、其病於腰腿求
之」、澄師常曰、不論快慢總要均勻、然極不易做到、其次避免雙重、譜曰、「
每見數年純功、不能運化者、率自為人制、雙重之病未悟耳」、「虛實宜分
清楚、一處有一處虛實」、雙重者、下則兩足同一着力、上者兩手同一用力、
此為太極拳中之最忌、必須左虛右實、或右虛左實、足力如此、手勁亦如此、
拳套中兩足虛實尚易分清、兩手之虛實、非在推手中學習不可、若不推手、
決難知手腕上之虛實、腰腿上之變化、譜曰、「左重則左虛、右重則右杳」、

此兩句、即說彼左重則我左虛、彼右重則我右虛、由彼此動作上體察之、有
時以陰陽代表虛實、譜曰、「陰不離陽、陽不離陰、陰陽相濟、方為懂勁、懂勁
後愈練愈精、默識揣摩、漸至從心所欲」、

譜曰、「以心行氣、務令沉着、乃能收斂入骨、以氣運身、務令順遂、乃能便利
從心」、「行氣如九曲珠、無微不到」、上節所云、是太極拳內心功夫、是技
藝中上乘功夫、須從默識揣摩而得、時與同道中精心苦練之良師好友研
究之、在近年來能達成此功夫者、不多見、但學人切忌別出心裁、勉強做作、
反成疾病、若循規蹈矩、能多下苦工、當有影響顯現、最友郝君、朝夕苦練、每
日數十次、并時時揣摩拳譜中各義、余在重慶時、見其練拳、確能氣遍全身
腹中作聲、四肢輕靈、意態沉着、動作圓滿、余深欽佩之、郝君在軍部所任事

拳術則從不見其露疲之態，亦不見其感冒等疾，若鄭君者可謂達到却病延年之門徑矣。學成技藝，必需良師好友，二者不可缺一。良師者，能引導入正確之路，并表示良好之模範。二者必須兼備，並非師之工夫能贈給與學生。好友者，能虛心共同研究之謂。古語曰：他山之石，可以攻玉。又曰：擇其善者從之，不善者改之。皆能有益於我也。但學成與否，全在自身之努力，非為師友者所能包辦完成。學習技藝，必須一氣呵成，不可一曝十寒、么三歇

五、每日在一定時間，一定處所，如在晨間或夜間，則無論風雨寒暑，必在此時行之。練習處所，如在廳堂或在臥室，每次必在此處練之，方向亦不可更改。如此學習，其進功甚速。反此條件，不易學成，難望進步。

擇師須審察周詳，既信仰而為我之師，必應恭敬誠篤而學之，不可朝三暮

四、今日從張，明日拜李。須知各師有不同之經驗，有不同之心得，動作既不同，教法亦不同。至於採訪先進，觀摩式範，亦屬師資之一，是應廣事參觀，恭聽教言，必能助我之成也。

健康與保養

先輩孫祿堂云：無論壽命之長短，必須活得十足。何謂十足，即是一生健康無疾病，盡量發揮本能，滿足一切業務。若常在病床，或萎靡頹廢，則一生中不得謂之十足矣。故健康為十足必要之條件，今具體言有七條：

(一)終年無疾病 (二)凡事提得起，放得下，想得全，做得完。(心理健康) (三)能負百二十斤至百六十斤長行 (四)每小時行十里至十五華里(休息在內) (五)前跳一丈，後竄八尺 (六)夏季烈日中能排熱抗困，冬季冰雪中下水靜默 (七)連續七天不食(飲水不在內)七夜不睡，照常工作。

兼備此七條，可稱為健康，能超此者可稱為強壯。古來方外中人有修持者皆能之，否則不能沖風冒雪，千山萬水，朝山參訪也。家室之人，物欲所累，不多見矣。

關於保養

凡人天生來皆是健康，按言之，遇有風寒感冒，病菌疫氣，先天俱有抵抗之本能。某科學家云：一立方寸之空氣，其中存留細菌不可計，在呼吸中，全仗自身為之消滅。然近世來人壽逐年遞減，其所以如此，由於七情六慾，自傷其身體。自傷之道，男女飲食，喜怒憂悲，不得其中，而損傷性命矣。

人生中最傷身者，色慾居其半。凡百疾病，雖各有因緣，皆由房事不慎，種其根。古諺云：行房百里者病，百里行房者死。(其詳觀本談前篇)今據老武術家兼醫師者云，其例如左：

飽食或冷食中行房，成胃病。當風冒寒中行房，成肺病、氣管炎。酒後勞後行房，成腸病、腎病。怒後受熱後行房，成肝病。若服春藥而行房，其害更烈。除家室外，不可有尋花問柳，非僅竊玉偷香是邪淫，非其人，非其地，非其處，非其時而為之，皆屬邪淫。邪淫是傾家蕩產，傷身害命之尤，武德中所必戒，非修練人亦當守此，是有益而無害，勝服補藥萬倍。欲戒淫，切看淫書、淫畫、淫戲，勿近浪蕩之友，如此離戒不遠矣。

人生最寶貴者，精、氣、神。三者之中，尤以氣有莫大之效用。吾人身內之血，如何而週行全身，能週而復始者，全仗氣行之。(由心房壓發血管再由回血

[illegible]上心房,皆由氣推行之)若無氣,決不能推行,全身神經司感覺而已,神經所覺,氣必隨之,如嘔吐,便溺,動作一切,皆由氣而表現,(如內排洩,外排洩,均由氣行之)不僅排洩,且有吸收作用,肌膚上外治之藥,由氣吸收之,氣之為用,如此之大,實不可思議,修練人當更為注意,茲分養氣,補氣,練氣,三步功夫,大畧言之於左,

養氣,孟夫子云,養吾浩然之氣,文天祥有正氣歌,皆非形質之氣,其理高深,非本篇所談,茲不具論,今就粗淺言之,氣在人身,無定所,無方位,無靜止,無消失,任何部分有氣,任何時間皆周行,換言之,氣與神經無二致,神經所覺,氣必隨之,神經有靜然,氣似有靜然,而無靜然,養氣之道,首重靜坐,(身體端正,盤膝而坐,單雙盤皆可,頭直閉口,舌抵上腭,兩手掌交疊股上,胸勿張勿窄,衣帶皆鬆,臀部加墊,稍高若不適盤坐,垂腳亦可,口中生液至滿,徐徐嚥之,心勿散亂,亦勿昏沉,念起知而勿隨,過去現在未來,皆勿思慮,如是數息,鼻氣一出一進為一息,勿做作,任其自然,)如是而坐一小時,至二小時,於氣分上有相當幫助,坐後,必覺得全身飽滿,精神充足,發音宏亮,坐之時間不拘長短,而重在得力,所謂得力者,即如上方法,若能每日在一定時間行之,當能得益非淺,下坐後,勿急於操作,方外人有止靜,開靜,養靜,三程序,正在靜坐時,謂之止靜,放棄靜作,謂之開靜,靜中休息,謂之養靜,簡言之,下坐後稍稍休息,勿遽然辦事可矣,靜坐勿在寒風前,勿在飽食後,(靜坐調息,使是調氣,即是養氣,使氣勿偏於一方,得中和之道,

補氣,中醫有補中益氣湯,其方如左,

黃耆二錢,黨參二錢,柴胡六分,升麻六分,歸身二錢,炙甘草二錢,冬朮二錢,陳皮二錢,生薑六片,大棗四枚,此劑每年逢冬至,夏至,春分,秋分,四節日服一劑,(若氣分充足者,可不服,也平時勿多食散氣破氣之香燥藥物,如豆蔻,沙仁,花椒,茴香等,

練氣,練氣即屬於氣功,吾國上古以來,方法甚多,有屬於道家,有屬於佛家,有屬於技擊家,有屬於方士,術士,因各家目的不同,而方法亦異,其傳授手續,有可公開,有不可公開,有極簡單,有極複雜,其效用亦各別不同,茲舉一二例如左,

道家氣工分多種,今就余友八十七歲之武術家劉君所練方法,介紹於左,

先在室中置一燃燒之炭盆,將室中濁氣熏蒸出戶,練者安坐盆後,離開三尺或四尺,端身危坐,雙足單盤,或雙盤,或不盤,垂腳皆可,(兩足垂直,不可交股,)頭與頸項朝前,上身不俯不仰,閉目一二分鐘後,張口吐氣,吐至腹內無氣可吐,再閉口由鼻吸氣,緩緩入腹至小腹,停留一二分鐘,然後張口吐出,如是三次後,用左手(右手)握拳,拍擊兩臂膀及腰腿全身,拍勢勿過重,勿過輕,使感覺適當為度,其拍數不定多少,初練時,用自手拍,繼則托人拍擊肩臂腰背各部,一月或二月後,改用小布袋,盛粗砂七八分,紮口,代手拍之,初則輕拍,日久重拍,(注意)吐吸三次後,起初用手拍擊,待拍擊後再吸吐,再拍擊,於是輪番吸吐,照上述方法,拍擊全身,每晨為之,上法練久,能使人精神充足,肌膚堅實,四肢強壯,

其二,四川銅梁縣山中,道家羅雲山老師,抗戰時年已古稀外,望之如四十

能人終年不畏夏不畏暑，冬不怯寒。其氣工開始時，閉目凝神直立一分鐘，兩手相抱，十指交叉，微近腹部，兩腳開作八字形，稍蹲上身，勿過低，約如四平馬步，開口由鼻吸氣入小腹（下丹田）務勿洩出，將上身作元形搖擺，猶如上身在空中畫元圈，先向左旋數十轉，後向右旋數十轉，到力竭不能再轉，始將腹中之氣由口吐出，換言之，腹中吸入之氣，到搖轉不能再轉，始可吐氣，此法在晨暮兩時，空氣清新之處行之，最好勿與人見，同道者不忌，練久行動健康，外能精神飽滿，卻病延年，更有其他妙用。

其三，道家龍盆派氣功，龍老師，鬚髮花白，肌膚紅潤，如小兒，耳目聰明，冬夏一薄綢衫，步履輕便，行動矯捷，無家室，無行李，一身外無長物，食宿無定，嘗每雪夜露宿山間林下，常居岩洞中，其氣工，守寂靜坐，徐徐呼吸，吉拔上騰，待口內液滿，數數吞之，據云此係初步功夫，待到相當程度，再授二步三步功夫。

佛家氣功，佛界在內地除坐香跪香外，僅有達摩祖師之八段錦，易筋經，洗髓經三步功夫，此書上有唐李靖題，南宋牛皋題跋，云岳武穆幼年能開三百石弓，卷得此書之功（由某老僧所傳）顯宗並無氣功傳說，西藏西康等處，唐以來，有由印度傳入之氣功，即喇嘛所練之九節風寶瓶氣，頗哇法開頂，亥母拳等，皆屬於密宗氣功，其方法有簡有繁，須經相當手續，始可面授，因與其他修持方法相關，不能單獨習練，非本篇所論，不詳述。

技術家氣功，青年時用冷水激刺腎囊與陰莖上端，逐漸用氣提吸，使吸入小腹，初由夏季開始，漸到冬季，若在中年以後，則此法不能行，另用控拘腎睾丸揉之拍之，使睾丸由揉而硬，兩手交拍交揉，并用氣提吸，日久亦能入腹，此法能堅固臟腑，增長精液，余友潘君中年因此得二子，技術家常云「內練一口氣，外練筋骨皮」「冬季練氣血，夏季練筋骨」

南方拳術家，有閉氣練拳，開始即咬牙鼓腹吊襠（吸陰莖）百脈紫脹，面紅耳赤，動作數次，狂吼一聲，或全套畢而大吼，練器械亦如此，浙東溫處台三府屬，練武術者，大半如此，此種練法，本身強健者，初練易見功效，偶一不慎，傷氣傷肺，或致傷筋脈，余極不同情，但浙東少年喜此，屢見不鮮。

方士術士之氣功，為藉符咒，假借藥物，再以本身精氣，合而修練，久之能將五金製物，或磁鋼玉石等物，可作工具，任意使用，其神妙處不可理解，本人在四川時，曾目睹多次，非虛構其詞，以惑讀者。

氣功，中國歷古以來，修煉者不知凡幾，道家煉此甚多，其派別亦多，方法各各不同，佛家密宗，亦因法本種種不同，技術家氣功，大別南北兩派，而細分不知若干派，其方法亦因之而異，方士術士，派別更多，練法亦異，若欲練氣功，或靜坐，不能照書本試練（現在書店出售之氣功療養法，某種靜坐法等等）余屢見試練成病，必須由師面授，并且時時請師校正，萬不可無師自通也，願讀此者注意之。

結論，吾國以往被人稱為老大帝國，東亞病夫，而今不然，睡獅已醒，發奮圖強，人人皆知強健體育，鍛練身心，但鍛練須得其道，否則易遭損害，第一先從保養入門，若保養得益，即不鍛練亦能健康，如不保養身體，不僅無益，反而有害，所謂保養者，摒棄一切嗜好，凡屬有害於精氣神三者，概行戒絕，並黏吃龍經虎骨、服人參燕窩等補物、藥補不如食補、家常園蔬亦均宜養、適口充腸、使是滋補、筠者少年多病、因習練而除病、今年七十有三矣、動作尚能如恒者、不敢濫用精氣神耳、本篇所述、卑無高論、誤謬之處在所不免、願海內高賢加以指正、不勝感禱之至、(其詳參看本談上篇)

丙申仲春下浣　七三老人黃山樵誌於向山樵舍

附近代武術家軼事

楊露禪

楊露禪先師、祖居直隸永平縣、專務農業、不預聞外事、所謂一不護院、二不保鏢、三不賣藝、簡言之、不走江湖、與人無爭也、清季、北京城內大家、時時失竊珍寶、報官後從未破案、某年、端王府亦失竊珍寶、責令步軍統領破案、左右偵明查暗訪、竭盡偵探之能事、終無端倪、不得而託諸鏢局中人、向京外各地尋覓、有走南路鏢局者云、春間走鏢經直隸邊界、聞某莊院中瞿某、武工高超、家藏珍玩極多、但從不聞其向何商何人購來、其地離京約百六十里(華里)、瞿家素富、或不致出此、若能託其協助偵緝、當有幫助、步軍統領即以此情稟復端王、端王命刑部令該縣查辦此案、縣長與僚屬商議、據云瞿某似有嫌疑、但不能以力致之、必須託一武功有聲望者、以情動之、或能辦成、聞近有楊露禪者、武功極有聲譽、由楊去最妥、當有可能、縣長即往楊家、卑禮厚辭、再三敦請、楊始允之、翌日楊帶一徒前往、到瞿庄見院門緊閉、即上牆垣俯窺內容、見空院上有鐵絲網、不得下、此時即有人出問何人、楊告以姓名、其人曰楊大爺請下、遂令開門相迎、於是楊下牆與徒登堂謁見、知即瞿某也、楊寒暄後、告以端王慕君之名、且為同好、請往京中一敘、瞿默思再三、曰可、楊歸縣署、述其經過、縣長即懇託楊伴瞿進京、到部、楊卻之、不可、於是翌日帶徒邀瞿同行、到部後審問各案、瞿完全承認、詳述竊盜經過、瞿能飛簷走壁、一夜可行百數十里、專竊珍貴古董、後在獄中撞壁而死、端王始知楊氏武功高深、留於王府、教授一般親貴、迨民國肇興、親貴疏散、楊家太極拳始流傳於社會、此近世楊派太極拳之發軔、

楊班侯

班侯、楊先生露禪之次公子、軀幹甚偉、秉承家學、其太極門各藝、北五省習武術者無不欽佩、平時所持之槍、重三十斤、人稱楊鐵槍、又稱楊無敵、鏢局中曾聘為鏢師、當其時楊家在京已負盛譽、嘗以鵲置手掌中而不能起飛、人問其故、楊曰鵲之振翼而飛、必恃其足蹬跳而起、我掌不受其跳躍之勁、即諺云、一羽不能加、蠅虫不能落、掌中聽勁靈敏、使鵲不得其力、故不能飛也、與同友中推手、嘗發人三丈外、某日、清晨在堂前洗面、突來一頭陀僧詢曰、君是楊班侯乎、楊未及回答、僧突以頭衝入、楊急以雙手接而擲之、僧蹼跌兩丈外園中、起而拱手曰、大爺功夫好、速磕數頭而去、楊視雙腳用力處足印入土中寸餘、人問楊曰、頭陀何以跌出之快、楊曰、此係接勁工夫、換彼之勁而發之、不容須臾變換、一剎那中而發出矣、

班侯先生一日在野外執桿遛馬、似習馬戲、有兩人狩獵中失去愛犬、託為尋覓、班侯歸途中見其犬、以桿黏之而歸、見者稱奇、詢其故、班曰、太極槍法中粘黏功夫也、

楊健侯字鏡湖

露禪先師之三公子也，於太極門各藝深得三昧，秉性溫和，授徒亦衆。某日在堂前閒坐吸煙，見其媳婦一手抱孫兒，一手持扁盆向園中倒水，忽立足不穩將倒時，楊翁一箭步前去扶住，其時間不容髮，其快速如電。某夜睡眠中，梁上落一鼠，適落於帳上，彈出於地，明日起視其鼠已跌死地上，人問其故，答曰：接勁使然，亦由聽勁靈敏而致此。

楊家在永年縣務農時，某日，屋側有大堆稿薦著火，勢將蔓延附近無河井，隣人惶急無措，健侯先生以桿挿入草堆，用力抖之，稿薦四散於地，剎那間撲滅矣。後在京寓，某日出街歸來經過酒店門前，突有一大兵自店出，直撞楊身，楊稍一蹲身，大兵反跌入酒店中，旁坐酒客皆為驚奇，楊身若有數百片彈力也。後經友好詢其故，楊曰：無他，接彼來勁而發之。友曰：何以知其來撞？楊曰：練功夫人，時時刻刻不離警惕，偶有接觸即順勢化而發之，所謂化者發者，言之分二，用之則一，無可分也。

楊夢祥

楊夢祥先生，字少侯，頗似班侯，性情剛强，拳練小架子，專練冷勁，學者極難領受，故列門牆者不多。民國初年，南京王部長聘為家庭教師，初則男女老少皆請授藝，繼則不耐悶練，畏其發勁太烈，不勝其苦，逐漸星散，蓋居半載客死寧垣。澄甫先師適任浙江國術館教務長，聞耗赴寧奔喪，料理善後焉。

楊澄甫先師

先師性情溫和，極似健侯先生，教拳以大架子，常曰：先求開展，後求緊湊。小架子是打人用，汝等學拳為求強身計，並非為打人，故不必着重小架子。循循善誘，和藹可親，故南來年餘，列門牆者甚多。教授方法簡單平易，按學者程度加以指示，拳套學全再教推手，再大捋、太極刀、劍、槍等藝，均按學者功夫深淺而教之。對久學之門人推手，發勁沉長，常發人於兩三丈外，教太極槍時，其勁更強，但於初學或年老有病者，決不如此發勁。每對學者曰：練習不論快慢，總要均勻，必須週到普實，不可自出新奇，有背祖訓。寥寥數語概括一切矣。最可敬者，澄師在武術界多年，毫無江湖習氣，對門弟子絕無需索，待人接物從無疾言厲色。編者五六年來朝夕受教，迨澄師應粵省當道之聘，彼此分離，今者吾師已歸道山，回憶典型，不禁黯然。

在澄師門下學練最久而未授藝者，據編者所知，如田紹先、陳微明、武滙川、半靜軒、陳月波、董英傑，其次李雅軒、楊建業，最難得者陳微明師兄，創辦上海至柔拳社，除授太極八卦兩門各藝外，並教以詩賦古文，望之彬彬然溫文爾雅，誰知為文武兼優傑出之導師哉。而今皈依密宗，閉戶潛修，他日之成非可限量，是筆者所欽佩無已也。

澄師公子楊振明在兩粵與董英傑同為教師，近十年來其功夫必有可觀，家學淵源，克紹箕裘，是楊家千里駒，必能光大門庭，慰先祖於地下矣。

楊氏昆季身軀皆偉岸，對於各藝每日晨昏苦練於拳套，一日數十次，先天強健，加以家學淵源，又能專心苦練，無怪其超群也。即近年在中傳參之田紹先先生，在楊家最久，在冬季着單衣習練到出大汗，每日必數十次，總之欲技之成，非加以相當鍛練不可，決非偶然可得也。

大槍劉

大槍劉，直隸縣人，自幼習槍，臂力過人，所用之槍，較平大槍長二尺餘，常人所不能用，時以大槍觸玻璃上蒼蠅，蠅觸死而玻璃不碎，嘗客李師芳辰將軍署，有李師同鄉趙某，練武術多年，鄉黨中稱道之，某日來訪，李師命與大槍劉一較身手，趙未作勢，劉即一挙擊之，趙某撲於牆，復倒於地，起即吐血，返家後卧病矣，李師不以劉為然，同為幕客，何出此毒手，即逐之，劉之言動若患神經病，前曾督辦徐某在省開武術比試會，命余之師兄林志遠邀劉為評判員，見劉著長袍，外加馬褂，四方大馬褂，背棟數荊藤，懸一弓，頭戴瀾邊氈帽，手托兩鐵球，盤旋不息，下樓時不由梯走，從走廊中躍下，同寓旅客，皆目為怪人，而劉欣欣自得，安之若素，任何人不可與搓手，會有濟南國術館教師某與劉搓手，某手劇痛異常，明日視手，已浮腫受傷，不能執物矣，劉與人對演大槍時，不用兩手，僅一手執桿，兩桿相交，劉桿一抖擻，對方之桿被震而落地，因不勝其震動之烈，執桿不住也，古來小說中交戰時，手掌虎叉震開，今知確有其事。

孫祿堂與張鉄宇

滿清末葉，特將趙爾巽為東三省總督，赴任時隨從中以孫祿堂張鉄宇為侍衛，趙到任後，孫張潛居府中，不與外界往還，詎知日久，東省武術界知之，有名益三者，為東省武術界之鉅子，深怪孫張不來訪（照當年江湖慣例，武術界人，如到別省教會授教拳，必須先拜當地同道，以盡客禮，戲班到地演戲，亦須拜訪當地票房票友，如不久住，僅通路者，不在此例）日久益不能耐，於是往督署訪之，孫殿接見後，寒暄數語，益曰，聞二兄功夫甚深，他日來領教，孫聞之，不敢遽允，張曰好好，送別後，孫曰，觀益身體魁偉，其力不弱，言動桀傲，交手一定不善，乃何以允之，張曰，吾觀益步履輕浮，不足慮，易對付之，數日後，孫張同訪益於家，數語後，益請表演，益張二人即在園中往來比試，初則張以守勢自衛，而益以張怯弱，急於取勝，手腳猛烈，張不能忍，乘其不意，一翻掌擊益小腹於地，益不能起，孫急扶之，益面已變色，吐血數口，孫張遂辭而別，旬日後聞益嘔血而死，此張之所以稱鉄掌，洵非虛語，然益咎由自取，而張亦太忍心矣。

孫祿堂自幼好練武術，善練八卦、太極、形意三種，孫稱三位一體，其意皆屬於武當門，且藝之要領，皆同，北方武術界，皆尊重之，嘗表演時，乃置一彈於磁盤中，孫從遠處以另一彈擊之，前彈躍出，後彈住於盤中，以彈擊鳥，無不中之，嘗為徐東海總統之侍衛，一日徐出會客，經過廊下，突有一人從側躍出，孫雙手托其腰，送出丈外，而不撲跌，總統徐行無阻，而某亦不傷，其技可謂神矣，孫於武術外，兼通文學，於六經易理皆有心得，學者時時過從，常承指導，其公子存周，在浙軍界教習有年，癸酉後已離浙赴滬。

鉄肩王長勝

鉄肩王長勝專練六合樁(1)頭(2)肘(3)肩(4)臀(5)膝(6)胯，其樁法奇突，樁力甚猛，而快，相隔一二丈遠，瞬息其一撐手，即到，被樁者即倒

杜心五

杜心五，湖南人，幼年遇俠士傳以自然門各藝，能輕身跳躍，手足堅強，率性

處遇滿清末葉誤入歧途、遊綠林中有年、未幾深悔所為、奮然赴日本早稻田大學習農科、歸國考得農商部主事、在農部服務外、兼各大學教授、暇中傳習武技、大學生中有萬籟聲者、從杜學藝最有成就、在江南國術比試中時獲優勝、杜與筆者有金蘭之契、嘗遊於李師芳宸之門、杜語余曰、吾人身中最長用者手足而已、最長者足尖手尖、即為吾人之兵械、若兵械不良不利、雖學千藝萬法、終不能克敵制勝、拳套撲擊中方法耳、第一先將手足二尖練成快利之器、所謂練成者、手尖足尖要鋒利、第二要全身之力貫注到足手二尖、第三要動快眼明、第四要步快心靈、至於踢打之術、稍加習練、便能領會、練手尖之法、即用子母球練之、用大小兩鐵球、大者重約八磅至十磅、因練者本有之腕力而異、此球之十後適當練者撮合球之指尖、以撥得起似撥不起、每日晨昏、撥六七次或八九次、如是撥之、使五指尖漸漸增長其撮勁、不可撥過十個線、其小鐵球、滿掌可爪、亦每日晨昏爪而提六七次或八九次、漸漸增漲臂腕之提勁、如是兩手交換、輪久撥提、不久練成鐵爪（其成效因人本能而不同）練足尖、即是拳法中、稱為鬼拉鑽、在床腳上或門檔側練、一如臂之竹筒、每日晨昏用足尖踢之、同時兩拳向前作起擊勢、如左腳踢竹筒上面、右手作拳擊、右腳踢竹筒上面、左手作拳擊、如是上左下右、上右下左、彷彿拉鑽、但身軀要蹲低、兩足要踢直、必須踢著竹筒、亦不過猛、過猛防受傷、兩臂起作拳擊時、初則腕上不戴鉛環、繼則用二兩之鉛環套於臂上、兩臂用日久、由二兩增為四兩、由四兩漸漸增加至三斤五斤、乃至十餘斤、如是練久、其效用不可比擬、足尖能踢破竹筒、兩臂能舉過數十百斤之物、且手足同時到者、敵者無可躲避、常言曰、若人練得鬼拉鑽、天下英雄打一半、此為練武中最簡捷之法、欲防身者、練此一藝可矣、至於修心養身之法、莫過於靜坐、杜又云、普通說飛簷走壁、縱跳如飛、但知其名不知其法、飛簷是輕身功夫、先從笸籮（簸箕）起、走壁是跑板功夫、每天在一塊板上跑走、先是平擺跑走、而後逐漸傾斜（初則三十度、漸至四十五十九十度）到角度極峻、能上下跑走、便可走壁矣、縱高在室內掘一如人身之深坑、其直徑如自身之大、約三四尺、下面用寸板蓋至與地面平、學者將兩腿用木綁成直線、而後用肩向上提動、初則不能動、多日後能動、再後立在木板上、向板外提跳、若能兩腳提出板外、在外亦能提跳入內、來往自如、則去一板、（約一寸）再照上法提跳、由是逐漸去板、至半人深、則去所練之板牆、便能縱高上牆矣、此法每日晨昏習練六七次、平時仍照常工作、不妨礙業務、此為自然門之自然功夫也、江浙舉行國術比試時、杜為評判員、每場比試終了、杜輒表演鬼頭手、輕步步拳、嘗以兩足尖走梅花步、環行不息、雙手作環擊狀、觀眾無不稱奇、爾時年逾化甲、兩腿矯捷輕靈如兩手、然外貌絕不似武術界中人、完然來自鄉間之冬烘先生也、

飛腿張恩慶

飛腿張恩慶、河北獨流縣人、拔萃門之泰斗、清同光年間人、稱鎮長江飛腿、張恩慶其蹤腿快而準、清末、張之洞任兩湖總督、張恩慶為侍衛、張督騎馬拜客、張恩慶必為前三步、民國十八年浙江國術比試大會、恩慶為評判員、暇中筆者見其演技、張與人離開六步、彼曰我腿舉你右肩、一舉手、縱步即

劉右肩、又擊試左肩亦同，有時命人跑步，無論左跑右奔，張一舉手，其腿必中其肩背，張曰腿打下身，不算功夫，發腿之快而準，實為罕見，張身軀中等，虬髯重鎮，行動矯捷，善雙刀虎頭勾等技、

神手唐殿卿

神手唐殿卿，湖南隨州人，清同治年來遊遊南北，江湖上稱之神手者，因其能以三指扎六十五斤鐵百斤鳥籠行走二十里，專練丐闊掌、回教之特藝

王戍九

王戍九，外號王二爺，直隸人，民國十九年，曾南遊各省，為中央國術館傳技氣功，據云幼年遇道家傳氣功外，并四十八字，修練身心，於武技亦習練多年，江浙兩省向其學氣功者，皆傷外科醫師

劉百川

劉百川，皖南六安人，龍腰虎背，鬚髮皓然，年雖八十又七，而精神飽滿，舉止如常，與吾有二十年前有車笠之誼，其幼年愛練武術，經各名師教授，刀槍鞭棍，皆經苦練，惟少林派靈陵門羅漢拳，單雙刀，最為善長，尤其是九轉連環鴛鴦腿（水滸傳中武松打蔣門神之腿法）（踢腿與踢腳不同）其用法接二連三，正踢側踢反踢倒踢，對方決難逃避，最奇者，對方接持其腿，在別派拳法中無可使技，在連環腿中利用接抱其腿而再踢之，其勁更猛，必致腹破腸流，劉常曰，拳打肘肩頭，其意即打拳不着，即用肘，打肘不着，即用肩，（靠）如肩亦不着，即用頭腿踢腳膝胯，其意腳踢不着，即用膝用胯，皆是接二連三，朝對方前進打去，使其應接不暇，靈陵門羅漢拳，除拳套外

亦有推手，亦有對打，亦有散手，其練習程序，大致與太極門相同，筆者曾學羅漢拳對子數式（老和尚撞金鐘等）所謂磨轉心不轉，出手動作皆是連環法，此類拳譜，想已遺失，或密藏不欲問世歟，至鴛鴦腿練法，先在空圍中樹立兩腳之木架（比人高尺許）中懸一麻袋（普通盛米一石之大袋）袋中滿貯細草或棉絮，能左右前後動蕩，學人離袋二三尺地，用放掌駛步（滑步亦名箭步）前進，擡右腿踢之，（非腳掌全腿橫掃此袋）其袋向後，或左右蕩開，即反背轉身用左腿蹬之，卫用腳跟蹬其袋再向後，復被掌右腿橫踢之，如此可接連不斷，周而復始學習之，初練用力不可猛，防傷腳掌，其傷科氣功，傳自山西名醫楊登雲老師，楊除傷科外，係西北武術名師，傷科施藥與手術推拿整骨，別具妙用，着手成春、筆者當年曾向百川

學習連環腿，并羅漢拳對打，推傷科，從未間斷，如今已老，徒羨其藝之精深而已、

吾師海燈法師，俗家陝籍，剃度後，受具足戒，人皆知為顯密融通之大法師，不知其為川陝聞名之武術家也，成都市，每年花會，各業聚集，除商販外，以各種遊藝為娛樂，最後有武術比賽，所謂擺擂台，每請海師表演為結束，師初臨達山文昌帝君廟住持，素來以掌淘光神，海師升座後宣告斷掌如葉而一般斜斜信士，以為不可，聲特決門，海師聞之笑曰，若欲動武，真班門弄斧矣，若猶不信，即演數藝於眾前，眾望而卻步，搖頭伸舌，不敢作聲而去，近年參訪嵩山少林寺，傳衆久聞其名，來請授藝，曾教習年餘而別，充秀無狀，虔蒙教誨，毫無寸進，徒負吾師之化育矣、

苦樂榮枯在自強讀君高
論似迷方未能入室慚庸
鈍且喜升堂許狷狂武術
精研堪作聖文章餘事豈
全荒放廬松鞠勾山月付
與騷人考證忙

文林先生 郢政

山陰後凋宿守姝稿 [seal]

書黃文叔先生武術叢談續編後

聖門施教首重六藝禮以立身樂以養性為人生之大本亦教育之大端次
則射御近乎武書數近乎文文事武備內外兼資二者蓋不可偏廢迨及後
世上焉者或崇文或尚武無一定之規程下焉者從風而靡苟一時之利祿
則至文無縛雞之力武成沒字之碑雖生厲階狂瀾莫挽清季廢科舉興學
校倡為三育並重之說以德育統禮樂以智育統書數以體育統射御具體
而微未能盡教育之能事則復聯合各政開學之士無所適從欲以是為強
國強種之推與難矣是故言政教者智所以治事勇所以禦侮相倚相資如
左右手也顏仲由子羽之藝不見於經袁公處女之書不傳於世嫻書史者
不知劍戟習技擊者不能文矣射御一揆為戈矛弓弩為拳技滑稽深隱裝

千年絕技知之而不能言言之而不能盡若有若無不絕如縷可概也文叔
少從事於學問誦黃老之經曉致力於儒真究淨禪之密專氣致柔涵泳明
志聞之有素矣又與李芳辰田紹先楊澄甫杜心五劉百川諸師友及比丘
海燈游參日以精氣日以沛雖以老自韜不欲更有所授受今秋小女曉英
以藿食多病約吳佩秋女友偕往請業再更強望於太極拳武當劍兩門俾
具端倪而度積之體漸增抗奘深知服氣鍊形之學實具精微非田徑球類
之劇烈運動所可比擬也文叔舊著武當劍法楊家太極拳諸書迭經變亂
海內已成孤本上年輯武術叢談而運行圖樣尚嫌未備茲因儒子可教續
輯是編予為增覽一過知其勤求力學老而彌篤而誨人不倦之忱尤不可
及也爰書此以志歲月丙申嘉平之朔清平山人徐映璞

（封面）**武術叢談續編**

黃文叔先生著

山陰田宿宇敬題

丙申仲冬月

健康之寶

田宿宇謹題

目錄

武術修煉與健康

人生有健康之身體，然後有卓越之事功。而健康之道，由於鍛鍊為一般人所共認，故有老幼強弱之別，鍛鍊亦有徒手器械之異，其間復有內家外家與門戶派別之殊。其道至多，宜於甲者，未必宜於乙，而最普被溫和盡人可以探討者，莫如太極一門。惟易於問津，難於深造，失之毫釐，謬以千里，此所以學者多而精者不數數覯也。

余同學黃山樵先生為浙中宿將，自幼愛好技擊，先後師事田紹先、楊澄甫諸先生，苦練有年，造詣甚深，為入室弟子儕輩推崇，余嘗以大師兄尊稱之。先生慧根宿植，茹素學密，於武術外能文善書，廣愛交遊，與孫祿堂、張兆東、杜心五、劉百川諸先生研究探討，互相尊重。又由李芳宸先生授傳武當劍術有所成就，曾於公元一九三一年研練之餘，就其所知輯有《武術叢談》一書，風行甚廣。

茲經及門多人，迭請續著，乃出澄甫先生當年所授拳劍刀槍各圖多幅，更以平時閱歷經驗所得，輯成續篇。有志事業增進健康者，於良師益友外，可獲按圖參考之益。

書成見示，並徵序於余，以余之淺嘗無術，何敢綴言，特感於先生自利利他之本懷，情何能已，因而聊贅數語，藉以塞責云爾。

公元一九五六年夏月　七六朽人沈培滋序

序

吾浙素以擅天下山水之勝名，鍾靈毓秀，以是代有奇傑誕生；或以文章稱，或以勳業顯，或以俠義武功著。其昭垂史冊散見傳記者，蓋指不勝僂。其生於前代已為古人者，吾愧未及見，徒心嚮往之而已。其生於現代，享遐齡居林下而巋然獨存，吾得以瞻手采而聆謦欬者，則有一人焉，黃山樵先生是也。

先生為吾浙宿將，詩書畫俱工，並精武術，足跡遍海內，多遇異人奇士師事之，得其薪傳而承其衣缽，以故年逾古稀以上，遽望之猶如五十許人，雍容爾雅，粹然儒者，而內外功造詣俱深，著作尤富。所謂以文章稱，以勳業顯，以俠義武功著者，先生蓋兼而有之矣，可不謂之吾浙之奇傑也哉。

歲丙申，先生以所著《武術叢談續篇》見示，讀之益為心折。吾三十年前亦曾師事楊澄甫、杜心五兩先生，惜困於俗冗，淺嘗輒止，蹉跎歲月，至老無成。今讀斯篇，彌增愧矣。篇中立論精深透闢，悉中竅要，非得是中三昧者，不克道其隻字。世之有志武術者，誠能手此一篇，沉潛玩味而身體力行之，必能悟妙，得其要而蔚為名家也。吾譾陋無文，復孱弱不武，愧無以負先生之望，謹聊綴數語，以誌景仰云爾。

古越潘逸民誌　時丙申初夏

跋

人身一小天地，陰陽、寒暑、剛柔、燥濕之義備焉。而動靜貴乎中節，修養貴乎有常。流水不腐，戶樞不蠹。欲其動也，身如槁木，心如死灰。欲其靜也，求也退，故進之。由也兼人，故退之。人一能之，己百之；人十能之，己千之，欲其有常也，能中節矣。中也，能有常矣。庸也，不偏之謂中，不易之謂庸。自修身齊家，以至於治平，莫不由是武術亦何獨不然。

吾杭黃山樵先生，為浙軍名將，嫻武備而兼文事，有雅歌投壺、輕裘緩帶之風。《三略》《六韜》，九流百氏，罔不賅博。年躋耄耋，歸老湖山，出其餘緒，著為《武術叢談》（上下編），涵蓄湛深，詞旨明暢，所以啟發後進者至誠且篤。予得而展讀之，竊歎其用力之勤，潛持之密，為不可及也。

予不諳養生術，惟日常起居飲食、行止坐臥、出作入息之間，適可而止。不戀既往，不企未來，不求分外，與山樵之說蓋有不謀而合者，故行年六十有五，頑健猶若成童，然以視山樵之清靈矯逸則瞠乎後矣。

夫強國必先強種，強種必先強身。山樵此冊，示吾人以動止運行之準則，安得人手一編，為東亞病夫解嘲於全世界也。敬以數言，介於學者，至其授受之源流，鍛鍊之家數，沈潘兩序已詳言之，故不贅述云。

丙申初冬　同里後學蔣絅裳

跋

余少有羸疾，百藥難瘳。年十五，延同里黃聿聲先生授課，先生慮余體弱，出家藏《八段錦》《易筋經》舊抄珍本，並授以習練方法。而先慈鍾愛逾恒，勿許。乃於每晨潛持，數月無間，胃納驟進，日須五餐，轉弱為強。繼又授以走陡板、打砂包等武術。行之未久，拳平步健膂力勝儕輩。惜是歲仲冬，親命授室，自此輟學。壯乃奔走於衣食。

今年逾花甲，尚無衰象，實得力於此。感念黃師，宛同再造，忠心耿耿，未報深恩於萬一，引為恨事。

近識吾浙武術專家黃山樵先生，得暢聆其軼事，乃知八段錦為達摩祖師所傳，內練精氣神，外練筋骨皮，確能脫胎換骨。余昔得此，未能深造，所謂入寶山而空回，豈不大可惜哉？

今讀其所著《武術叢談》（上下編），理論精闢，可為實踐津梁，真能無師自通，不致盲修瞎練，增益身心，世不多遘。有志武術者，幸勿交臂失之，蹈吾前轍焉。

丙申冬十一月下浣　紹興後學田宿宇謹識

太極拳譜

太極拳論

未有天地以前，太空無窮之中渾然一氣，乃為無極，無極之虛氣，即為太極之理氣。太極之理氣，即為天地之根荄。化生人物，始初皆為化生，一生之後，化生者少，形生者多。如木中生蟲，人之生虱，皆屬化生。若無身上汗氣，木無朽氣，如何得此根荄？可見太極之理氣，即是天地之根荄。（疑有遺漏）

一舉動，周身俱要輕靈，尤須貫串。氣宜鼓盪，神宜內斂。無使有凹凸處，無使有斷續處。其根在於腳，發於腿，主宰於腰，形於手指，由腳而腿而腰，總須完整一氣，向前退後，乃得機得勢。有不得機不得勢處，身便散亂，其病必於腰腿求之。上下前後左右皆然。

凡此皆是意，不在外面。有上即有下，有前即有後，有左即有右。如意要向上，即寓下意。若將物掀起，而加以挫之之意。斯根自斷，乃壞之速而無疑。虛實宜分清楚，一處有一處虛實，處處總此一虛實、周身節節貫串，毋令絲毫間斷耳。

王宗岳先師拳論

太極者，無極而生，陰陽之母也。動之則分，靜之則合，無過不及，隨屈就伸。人剛我柔謂之走，我順人背謂之黏。動急則急應，動緩則緩隨，雖變化萬端，而理惟一貫。由著熟而漸懂勁，由懂勁而階及神明，然非用力之久，不能豁然貫通焉。

虛領頂勁，氣沉丹田，不偏不倚，忽隱忽現。左重則左虛，右重則右杳。仰之則彌高，俯之則彌深。進之則愈長，退之則愈促。一羽不能加，蠅蟲不能落。

人不知我，我獨知人，英雄所向無敵，蓋由此而及也。

斯技旁門甚多，雖勢有區別，概不外壯欺弱、慢讓快耳。有力打無力，手慢讓手快，是皆先天自然之能，非關學力而有為也。察四兩撥千斤之句，顯非力勝。觀耄耋能禦眾之形，快何能為？

立如平準，活似車輪，偏沉則隨，雙重則滯。每見數年純功不能運化者，率自為人制，雙重之病未悟耳。若欲避此病，須知陰陽。黏即是走，走即是黏，陰不離陽，陽不離陰，陰陽相濟，方為懂勁。懂勁後愈練愈精，默識揣摩，漸至從心所欲。

本是捨己從人，多誤捨近求遠，斯謂差之毫釐，謬以千里，學者不可不詳辨焉。

長拳者，如長江大海，滔滔不絕也。十三勢者，掤、捋、擠、按、採、挒、肘、靠，此八卦也。進步、退步、左顧、右盼、中定，此五行也。掤捋擠按，即坎離震兌，四正方也。採挒肘靠，即乾坤艮巽，四斜角也。進退顧盼定，即金木水火土也。

此論句句切要，並無一字敷衍陪襯。非有宿慧，不易悟也。先師不肯妄傳，非獨擇人，亦恐枉費工夫耳。

十三勢行功心解

以心行氣，務令沉著，乃能收斂入骨。以氣運身，務令順遂，乃能便利從心。精神提得起，則無滯重之虞，所謂頂頭懸也。

意氣須換得靈，乃有圓活之妙，所謂變轉虛實也。發勁須沉著鬆淨，專注一方。立身須中正安舒，撐支八面。行氣如九曲珠，無微不到。

運勁似百煉鋼，無堅不摧。形如搏鳥之鶻，神如捕鼠之貓。靜如山嶽，動若江河。蓄勁如開弓，發勁如放箭，曲中求直，蓄而後發。力由脊發，步隨身換，收即是放，放即是收，斷而復連。往復須有折疊，進退須有轉換。極柔軟然後極堅剛，能呼吸然後能靈活。

氣以直養而無害，勁以曲蓄而有餘。心為令，氣為旗，腰為纛。先求開展，後求緊湊，乃可臻於縝密矣。

又曰：彼不動，己不動，彼微動，己先動，勁似鬆非鬆，將展未展，勁斷意不斷。

又曰：先在心，後在身。腹鬆淨，氣斂入骨，神舒體靜，刻刻在心。切記，一動無有不動，一靜無有不靜。牽動往來，氣貼於背，斂入脊骨。內固精神，外示安逸。邁步如貓行，運勁似抽絲。全身重在精神，不在氣，在氣則滯。有氣者無力，無氣者純剛。氣如車輪，腰似車軸。

十三勢歌

十三總勢莫輕視，命意源頭在腰胯。

變轉虛實須留意，氣遍身軀不可滯。

靜中觸動動猶靜，因敵變化示神奇。

勢勢揆心須用意，得來不覺費工夫。
刻刻留心在腰間，腹內鬆淨氣騰然。
尾閭中正神貫頂，滿身輕利頂頭懸。
仔細留心向推求，屈伸開合聽自由。
入門引路須口授，工夫無息法自修。
若言體用何為準，意氣君來骨肉臣。
想推用意終何在，益壽延年不老春。
歌兮歌兮百四十，字字真切義無遺。
若不向此推求去，枉費工夫貽歎息。

推手歌

掤捋擠按須認真，上下相隨人難進。
任君巨力來打咱，牽動四兩撥千斤。

引進落空合即出，沾連黏隨不丟頂。

大捋約言

我捋他肘，他上步擠，我單手搧，他轉身捋，我上步擠。他逃體，我再捋，他上步擠。

楊鏡湖先生約言

曰：輕則靈，靈則動，動則變，變則化。

太極拳名稱

預備式	攬雀尾	單鞭	提手上勢
白鶴亮翅	左摟膝拗步	手揮琵琶	左摟膝拗步
右摟膝拗步	左摟膝拗步	手揮琵琶	左摟膝拗步

進步搬攔捶
攬雀尾
提手上勢
蟾通背
單鞭
左右分腳
翻身劈身捶
回身右蹬腳
進步搬攔捶
攬雀尾
單鞭
雲手
倒攆猴

如封似閉
肘底看捶
白鶴亮翅
劈身捶
雲手
轉身蹬腳
進步搬攔捶
雙風貫耳
如封似閉
斜單鞭
玉女穿梭
單鞭
斜飛勢

十字手
左右倒攆猴
左摟膝拗步
進步搬攔捶
單鞭
左右摟膝拗步
右蹬腳
左蹬腳
十字手
左右野馬分鬃
上步攬雀尾
斜身下勢
提手上勢

抱虎歸山
斜飛勢
海底針
上步攬雀尾
高探馬
進步栽捶
左右打虎勢
轉身右蹬腳
抱虎歸山
上步攬雀尾
單鞭
左右獨立金雞
白鶴亮翅

左摟膝拗步　海底針　蟾通背　轉身劈身掌
轉身白蛇吐信　進步搬攔捶　上步攬雀尾　單鞭
左右雲手　單鞭　高探馬　轉身右蹬腳
左摟膝指襠捶　上勢攬雀尾　單鞭　斜身下勢
上步七星　退步跨虎　轉身雙擺連　彎弓射虎
上步搬攔捶　如封似閉　十字手　合太極
（攬雀尾中動作即是掤捋擠按四動作）

太極劍名稱

三環套月　魁星勢　燕子抄水　左右邊掃
小魁星　燕子入巢　靈貓捕鼠　鳳凰點頭
黃蜂入洞　鳳凰右展翅　小魁星　鳳凰左展翅
釣魚勢　左右龍行勢　宿鳥投林　烏龍擺尾

青龍出水　風捲荷葉　左右獅子搖頭　虎抱頭
野馬跳澗　勒馬勢　指南針　左右迎風打塵
順手推舟　流星趕月　天馬飛瀑　燕子銜泥
挑簾勢　左右車輪　燕子銜泥　大鵬展翅
鳳凰點頭　海底撈月　懷中抱月　哪吒探海
犀牛望月　射燕勢　青龍現爪　鳳凰雙展翅
左右餐監　射燕勢　白猴獻果　左右落花勢
玉女穿梭　白虎攪尾　魚跳龍門　左右烏龍絞柱
仙人指路　朝天一炷香　風掃梅花　牙笛勢
抱劍歸原

太極劍歌

劍法從來不易傳，直來直去是幽玄。

若仍欺我如刀割，笑死三豐老劍仙。

注：劍法有十三勢，其中以乘機而刺、順勢而帶此兩法是最難練，而對方最難避。學者須練勁至劍尖，方合此法。其詳見武當劍法。

太極刀名稱歌

七星跨虎交刀勢，騰挪內張意氣揚。
左顧右盼兩分張，白鶴展翅五行掌。
風捲荷花葉底藏，玉女穿梭八方勢。
三星開合自主張，二起腳來打虎勢。
披身斜掛腳鴛鴦，順手推舟鞭作篙。
下勢三合自由招，左右分水龍門跳。
卞和攜石鳳還巢，吾師留下四方讚。
口傳心授不能忘，「攬、斫、剁、劃、截、刮、撩、挖」。

太極黏連槍

太極十三槍之初步四槍法。其執槍步位與普通槍法同。

甲，頭一槍進步刺心。甲，二槍進步刺腋。甲，三槍進步刺膀。甲，四槍進步刺喉。（注：此名四黏槍）

甲前進時照上法黏連乙槍而刺，乙黏連甲槍而退，到第四槍甲刺喉止。再由乙前進刺甲之心腋膀喉，而甲黏乙槍後退至第四槍止。於是更番交換練習之。（其詳見下同）最注意者，甲乙二人之槍，不分不丟，始終黏連。

續編各圖僅註名稱，而無動作說明。

蓋凡百技擊，必須經師面授，再三指示，方可學習，決不能無師自通，照書擬作。而圖不可少，見圖可知大概形狀，較之字裏行間所說，清楚多矣。

楊澄甫先師太極拳圖

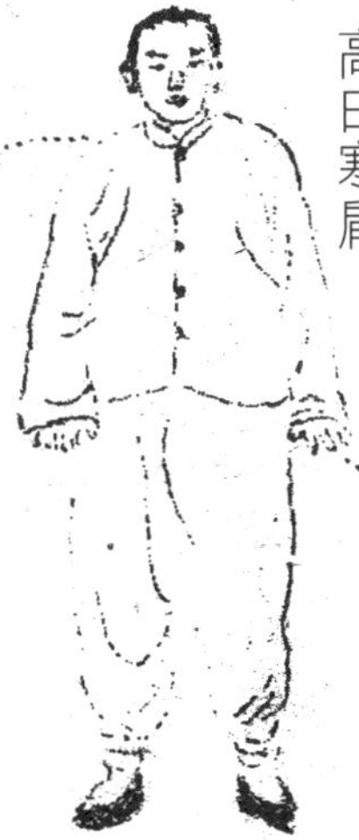
肩不宜高
此乃沉肩
手指勿墜下墜
下則神不貫頂

圖 1　太極拳起勢

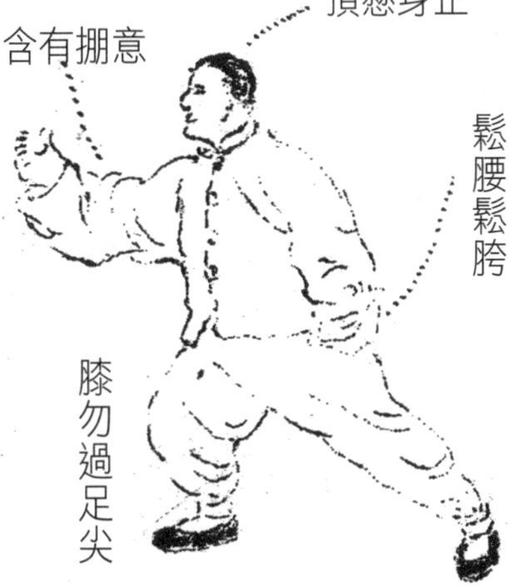
頂懸身正

圖 2　攬雀尾（右式）

圖 3　攬雀尾（左式）

圖 4　掤

圖 5　捋

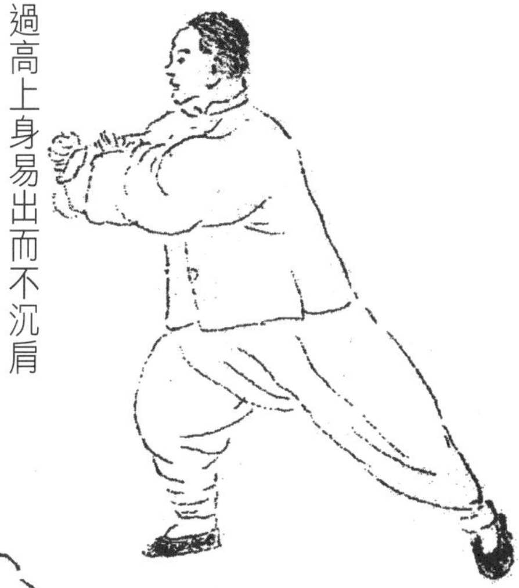
過高上身易出而不沉肩

圖 6　擠

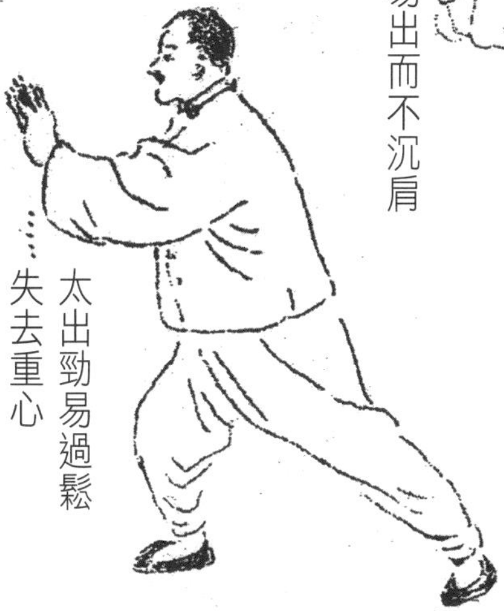
太出勁易過鬆
失去重心

圖 7　按

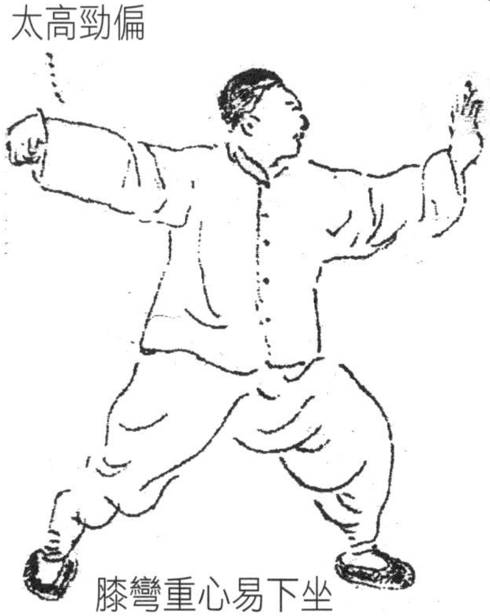
太高勁偏
膝彎重心易下坐

圖 8　單鞭

圖 9　提手上勢

圖 10　白鶴亮翅

圖 11　摟膝拗步（左式）

圖 12　手揮琵琶

圖 13　摟膝拗步（右式）

圖 14　撇身捶後撅臂式

圖 15　上步搬攔捶

圖 16　如封似閉

圖 17　抱虎歸山（一）

圖 18　抱虎歸山（二）

圖 19　抱虎歸山（三）

圖 20　肘底捶

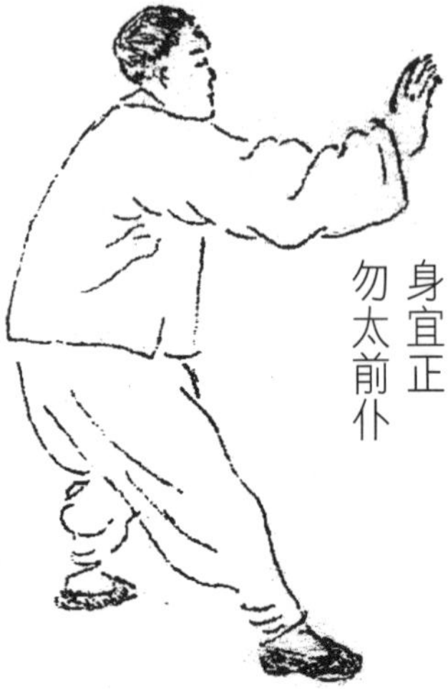

圖 21　倒攆猴（右式）

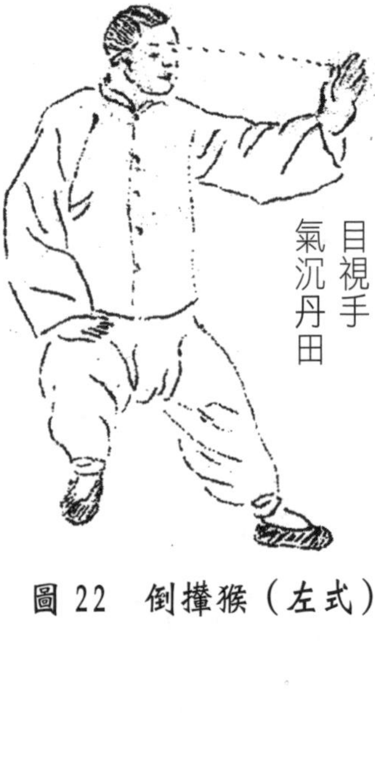

圖 22　倒攆猴（左式）

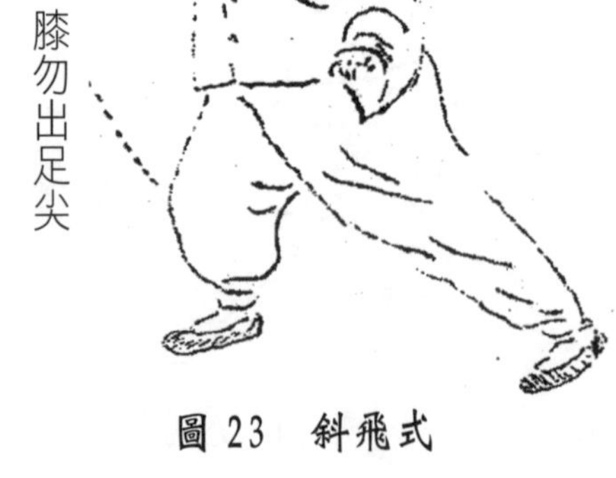
身勿前仆
仆則失重心

圖 23　斜飛式

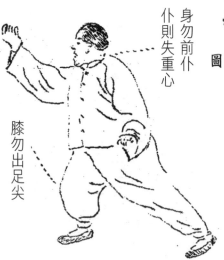

圖 24　海底針

圖 25　扇通背

圖 26　轉身撇身捶（一）

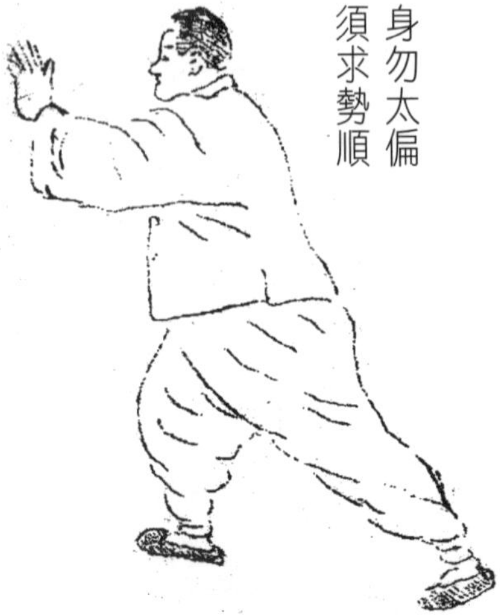

圖 27　轉身撇身捶（二）

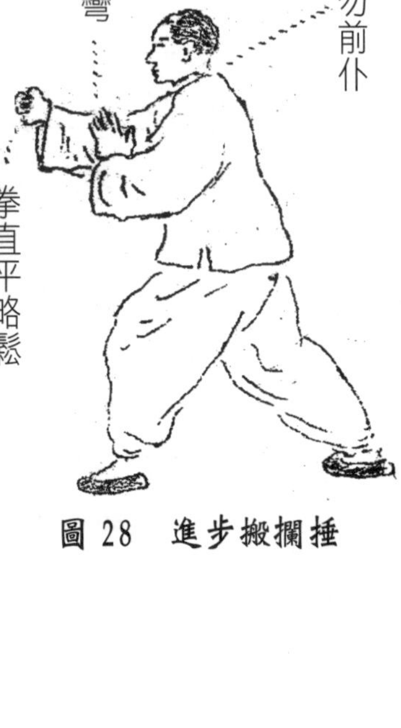
肘垂臂略彎
勿太直
身勿前仆

圖 28　進步搬攔捶

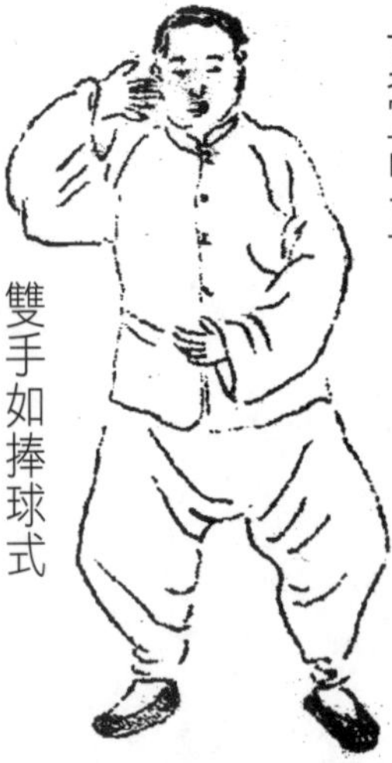
身勿太下坐
上身宜中正

圖 29　雲手（一）

圖 30　雲手（二）

圖 31　雲手（三）

圖 32　高探馬

圖 33　**右分脚（一）**

圖 34　**右分脚（二）**

圖 35　**左分脚（一）**

圖 36　左分腳（二）

圖 37　轉身蹬腳

圖 38　右摟膝拗步

圖 39　右摟膝拗步

圖 40　進步捶

圖 41　轉身撇身捶（一）

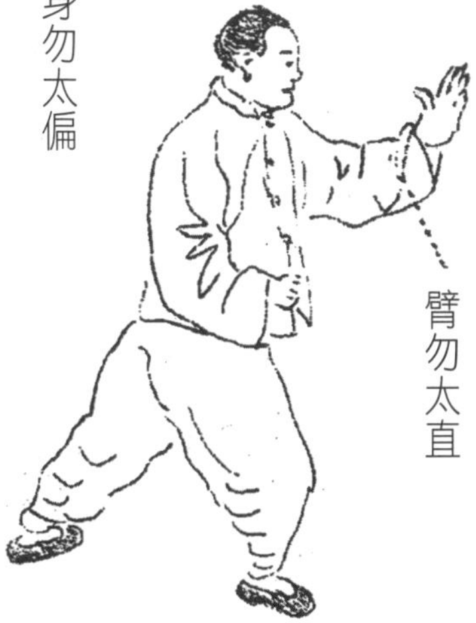
身勿太偏

圖 42　轉身撇身捶（二）

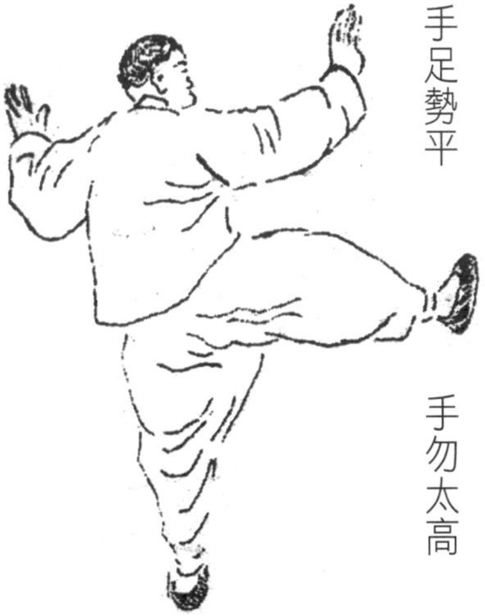

圖 43　右踢腳

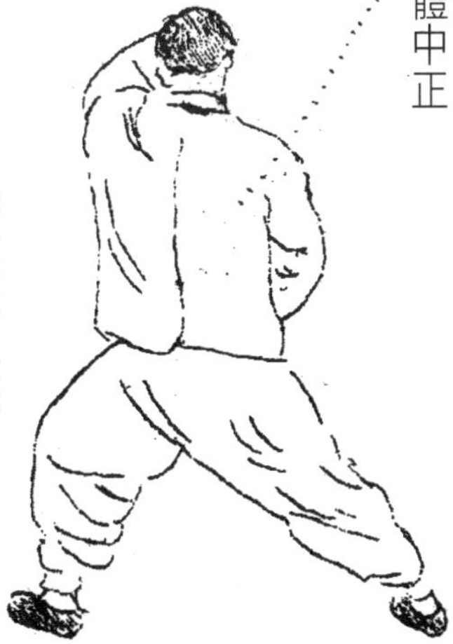
身體中正
膝勿過足尖

圖 44　左打虎

圖 45　右打虎

圖 46　雙風貫耳

圖 47　左踢腳

圖 48　轉身蹬腳

圖 49　橫單鞭

圖 50　野馬分鬃（右式）

圖 51　野馬分鬃（左式）

圖 52　玉女穿梭（一）

圖 53　玉女穿梭（二）

圖 54　**玉女穿梭（三）**

圖 55　**玉女穿梭（四）**

圖 56　**蛇身下勢**

圖 57　金雞獨立（右式）

圖 58　金雞獨立（左式）

圖 59　轉身白蛇吐信

圖 60　十字手

圖 61　轉身十字腿

圖 62　摟膝指襠捶

圖 63　上步七星

圖 64　退步跨虎

圖 65　轉身擺連

圖 66　彎弓射虎

圖 67　合太極

本編各圖內有三次雲手、三次倒攆猴，因式樣相同，故未重繪。學者應依太極拳全套名稱習練。

圖 68　馬步站樁式

圖 69　採腿式

圖 70　摟膝拗步

圖 71　倒攆猴

練武術之根本學習（爲師者不可不從此學起）

拳師之根本功夫，至少練⑴站樁；⑵壓腿；⑶走矮步。

站樁：不站樁腰腿沒有根，站立不穩。即前圖上四式（至少四式）。壓腿、擱腿、遊腿，非如此則腿踢不高，蹬腿不直，沒有勁。普通踢蹬，至少腳尖要踢到鼻尖，深一點功夫到嘴唇，再深到下頷。

吾師海燈和尚腳背可以貼頭頂，平時常走矮步，其形狀彷彿太極拳中摟膝拗步。前進而行，環行、直行皆可，但忌腳步有響聲。腰背要直，不可彎腰曲背。不走矮步，練拳出步不快。襠與胯不能鬆下，就是身法不好，非但沒功架，即運動筋骨說，亦少一部分運動也。以上所說，無論武當門、少林門，一切練武術者，皆從此學起。這是最起碼條件，尚有各專門功夫，限於篇幅不多及。

練武藝與做廣播操、徒手體操等等不同，皆有特別傳授，刻苦學習，極盡堅毅忍耐工夫。例如，漢時張良圯上遇黃石公，三進其履而得其書。諸葛武侯在山中師事高僧三年，而得天文、地理、行軍、治國之學，出將入相，為一代完人（《梵天廬叢》話載）。古來名臣良將，其所以成豐功偉業者，皆由積學而成，並非偶然獲得。尤其是對於師長之侍奉，必須敬師重道。如岳武穆王，幼年學藝時極尊敬其師，迨其師逝世，稟明尊人，為師服孝三年。師故後尚如此追念，其生前之尊敬可知。故岳王立功衛國，由其武術超群，實得師特別傳授也。

須知為師者功夫得來不易，皆由苦練而成，當然不肯輕易授人。故為徒者務必極盡恭敬孝順之道，方冀業師之特別傳授。應知教與傳不同，教者普通之學習，傳者另有特別功夫，非尋常之指教也。

功夫與工夫不同。工夫指每日練習而言，如木作農夫之每日作工至功夫二字，是某種技藝。練到生出功效，在任何場合，任何時間，皆能不失功效。

例如晚清董老公，他是八卦門名師，原係太監出身。迨臨命終時，徒弟為其換褲，他口不能言，而心中不願，兩手一托，其徒送出窗外。已到絕命斷氣時其功效尚在，真可謂成功者矣。

練武藝，必須深究理論，刻苦實踐。理論有書面記錄，有口頭傳述。書面記錄者，俗稱拳譜；口頭傳述者，江湖上稱為春點，即是口訣。所謂「能教千般藝，莫教一口春」。所謂得訣不得訣，若得訣，事半功倍；不得訣，枉費工夫遺太惜。（《太極拳論》）理論即是技藝中先進經驗之記錄，也是歷代先師經驗之結晶。俗語云：要知山下路，須問過來人。實踐即技藝中之動作，即是理論上之實踐。一而二，二而一，兩者不可缺一。否則便是盲修瞎練，目前不見損傷，日後必生疾病。深願有志青年，三復斯言。

為師者如遇相當可造之才，必須盡心傳授。大將軍年羹堯書房聯曰：「誤人子弟天誅地滅，薄待師傅男盜女娼。」是聯極盡師弟之情誼矣。

上列各節前篇已詳論，今再復述者，願學人勿誤入歧途，為師者勿深閉固拒而勿傳也。

推手

定步單手推手圖

圖 1　單按式之一

圖 2　單按式之二

定步雙手推手圖

圖 3　雙手平圓沾黏推手法

圖 4　定步推手甲掤式

圖 5　定步推手甲捋式

圖 6　定步推手擠式

圖 7　定步推手甲按式

圖 8　定步推手甲化式

活步推手

在定步推手練至腰腿均可沾黏連隨，身法步法咸能和順自然、隨機應變、無絲毫拙力後，進一步乃練活步推手，使周身上下一致。在動步時，能化人發人。

練法：初時兩人盤圓圈，使手足前進後退，左顧右盼中定，皆能合拍，快慢平匀。萬不可手快足慢，或手慢足快，亦不可足未到而手先到，或手未到而足已到。其步法亦如定步推手，合步順步均可。

例如，甲乙兩人對立，各將右足踏前一步，甲雙手按乙右手肱部，同時右足提起向前踏進半步。乙被按後，即坐腰鬆胯坐腿，向後化之，同時右足向後退半步（**此為右式、左式亦同**）。甲按勢將盡後以左足上前一步，或攻或守，再將右足上前一步，或擠或按。乙化甲或擠或按後，右足向前踏出半步，雙手按甲右手肱部。甲坐腰鬆胯坐腿，向後化之，同時左足向後退半步。

總之，進者為二步半，退者亦為二步半。二人掤、捋、擠、按、化，一如定步推手，須式式分清，隨勢應用。此乃初步練習方法，藝深者可不拘步數。

至於楊家老式活步推手，其進退步法與上述者不同。前步進者，後步並上。後步退者，前步後收，進退二步或四步或六步均可，惟皆須以腰腿為主動樞紐，動步宜分清虛實。倘二人為順步者，則進者之第一步，當置於退者足之外側面，一切動作較上述為難。

活步推手，除身體中正、虛領頂勁、含胸拔背、沉肩垂肘、氣沉丹田、尾閭收住、鬆腰鬆胯、周身一致外，至有相當程度後於內部氣之呼吸，亦當注意。惟初練時只求自然可矣，不必顧及因外式尚未純熟故也。內部氣之呼吸，可參閱卷一第九頁太極拳中氣之呼吸及運氣法章內。

活步推手除練腰腿手足上下一致外，尚能使氣分延長，心身耐勞，此乃補定步推手之不足。而活步推手亦分高中低三種架子：初步練高架子，次練中架子，後練低架子。依次練熟後，復須同時練習此三種架子。

在活步推手時，除前進、後退、左顧、右盼、意氣相合、眼神注視外，對於中定尤須加以注意，否則不能化人發人，且己之重心易失。故太極拳老譜中云：

退圈容易進圈難，不離腰腿後與前。
所難中上不離位，退易進難仔細研。
此為動功未站定，使身進退並比肩。
能如水磨催急緩，雲龍風火相周旋。
要用天盤從此滅，久而久之出天然。

由此可見活步推手之重要矣。至於詳細動作，則非經教者之口授心傳不可。

定步大捋圖

掤在敵閃己，或捋己，或按己手時，用腰腿頸以臂掤之。

捋在敵閃己面，或按己肱部時，用腰腿勁捋其閃手之臂。

擠在將捋時，己若不用捋或閃，乘勢可變為擠。

按在敵靠己後，用手法、步法、身法，上下一致，上步雙手變按。

採在捋敵時，執敵之手腕，以腰腿勁往下採之。

挒在採後或捋後，用腰腿勁，以手背向敵領間斜擊之。

肘在敵捋己時，被捋之手臂可變為肘，肘可擊敵之心窩部，其勢甚猛，惟不善用者易於傷人。

靠在敵捋己時，以被捋手臂之肩上步靠敵心窩，靠在大捋中，雖知者甚多，惜乎多用之不得其法，如距離過遠或太近均不能得勢。過遠則衝撞，太近則勢閉。故靠時己身須中正，腳步插入敵人襠中，兩肩平沉，勿一高一低，用腰腿勁加以意氣向前往下靠之，其勁為寸勁或分勁。

閃在捋敵後防敵靠己，隨以手掌閃其面部。

擨在捋敵時，一手執敵手腕，一手肱部用腰腿勁，擨敵被捋手之肘部，隨勢俯身往下，向前擨沉其臂。

總之無論何式，均須合太極拳基本要點，即虛領頂勁，含胸拔背，沉肩垂肘，坐腰鬆胯，尾閭中正，上下一致。他如腰腿勁加以意氣及眼神注視，尤為大捋中之主要原則。

此外，尚有一點不可不注意者，即大捋時雙手必須與敵相黏（至少一手如此），否則勁斷易為敵乘隙而入，而己亦不能知敵之勁路矣。

又兩手必須互相衛護，如在靠敵時，另一手須附於靠手之肘彎內部，以防敵之擫臂或閃面部。如在挒時，另一手則須拿住敵近己身之手臂，否則己未挒敵，而反為敵以肘擊己心窩。

凡此類詳細切要關鍵，非經名師口授不可。至於大捋中氣之呼吸，可參閱卷一第九頁太極拳中，氣之呼吸及運氣法章內。

至大捋之方法，大抵可分為二：一為動作方向皆固定者；一為動作方向不固定者（即可自由之意）。

圖 9　大捋甲掤式

圖 10　大捋甲捋式

圖 11　大捋甲閃式

圖 12　大捋乙按式

活步大捋圖

圖 13　大捋甲擠式

圖 14　大捋甲採式

圖 15　大捋甲橫挒式

圖 16　大捋乙用肘式

圖 17　大捋甲靠式

圖 18　大捋乙撅式

太極劍

太極劍（太極劍與武當劍參看陳氏拳譜武當劍法大要）

太極劍，亦稱十三勢劍，有十三字訣：抽、帶、提、格、擊、刺、點、崩、攪、壓、劈、截、洗，為楊家晚年著名武器之一。劍式姿勢美觀，用法奧妙，動作全以腰腿為主，不離乎太極拳之原則。動作時，務宜虛領頂勁，含胸拔背，沉肩垂肘，鬆腰活腕，氣沉丹田，勁由脊發。

惟此劍易學難精，凡初學之人，於未有深功時貿然練習，泰半有強拗斷離、姿勢欠美等現象。斯皆因腰腿無功，不明用法所致。本編為使學者確實瞭解起見，特在敘述太極劍動作與用法前，略將劍之正義稍加闡明，俾愛好此道者有徑可踵，而免誤入歧途之虞。

夫劍（除尖刃外）為兩面有口利器，不分正反面，兩面均可使用，銳利異常。用者萬不可以手抽拉，或貼靠身體，或盤頭攔腰，否則人未受損而已已受傷矣。是以用劍必須周身輕靈，動作敏捷，精神提起；上貫於頂，呼吸自然，眼視劍尖，使精氣神與劍合而為一。

手之執劍須輕鬆靈活，不可以五指握之太緊，有礙活用，只須以大指、中指及無名指三指執之，其食指與小指宜時常鬆開，而掌中亦當空虛如執筆狀。其出劍內勁起於丹田，發自脊背，由臂達於劍尖。發時如矢之赴的，勇往直前，人劍微動，而已劍已到，夫如是然後可以出神入化。

語用劍之妙，盡劍法之長至劍之效用，最著者乃在攻人之腕（手腕）。在與人武器交手時，設能首創其腕，則對方所持武器即失其效用。古代藝高者之名劍，在劍首二三寸處，鋒口必非常銳利，蓋即以之能攻人之腕，刺人之心，刺人之膝也。此外對於劍鐔（即劍柄尾部）亦當注意，務使另一手常置鐔後，勿越過鐔前。俗云：「單刀看手，寶劍看鐔。」學者能明乎此，則大疵可免焉。

太極劍名稱

起勢	上步合劍式	仙人指路	三環套月
大魁星	燕子抄水	左右攔掃	小魁星
黃蜂入洞	靈貓捕鼠	蜻蜓點水	燕子入巢
鳳凰雙展翅	右旋風	小魁星	左旋風
等魚式	撥草尋蛇	懷中抱月	送鳥上林
烏龍擺尾	風捲荷葉	獅子搖頭	虎抱頭
野馬跳澗	翻身勒馬	指南針	迎風撣塵
順水推舟	流星趕月	天鳥飛瀑	挑簾式
左右車輪劍	燕子銜泥	大鵬展翅	海底撈月
懷中抱月	夜叉探海	犀牛望月	射雁式

青龍探爪
白猿獻果
魚跳龍門
手捧牙笏

鳳凰雙展翅
落花式
烏龍絞柱
抱劍歸原

圖 1　起勢

左右跨攔
玉女穿梭
仙人指路

射雁式
白虎攪尾
風掃梅花

圖 2　上步合劍式

圖 3　仙人指路

圖 4　三環套月（一）

圖 5　三環套月（二）

圖 6　三環套月（三）

圖 7　大魁星

圖 8　燕子抄水

圖 9　右攔掃

圖 10　左攔掃

圖 11　小魁星

圖 12　黃蜂入洞

圖 13　靈貓捕鼠（一）

圖 14　靈貓捕鼠（二）

圖 15　燕子入巢（一）

圖 16　燕子入巢（二）

圖 17　燕子入巢（三）

圖 18　鳳凰雙展翅

圖 19　小魁星

圖 20　等魚式

圖 21　撥草尋蛇（一）

圖 22　撥草尋蛇（二）

圖 23　懷中抱月

圖 24　送鳥上林

圖 25　烏龍擺尾

圖 26　風捲荷葉（一）

圖 27　風捲荷葉（二）

圖 28　風捲荷葉（三）

圖 29　獅子搖頭

圖 30　虎抱頭

圖 31　野馬跳澗

圖 32　翻身勒馬

圖 33　指南針

圖 34　迎風揮塵（一）

圖 35　迎風揮塵（二）

圖 36　順水推舟

圖 37　流星趕月

圖 38　天鳥飛瀑

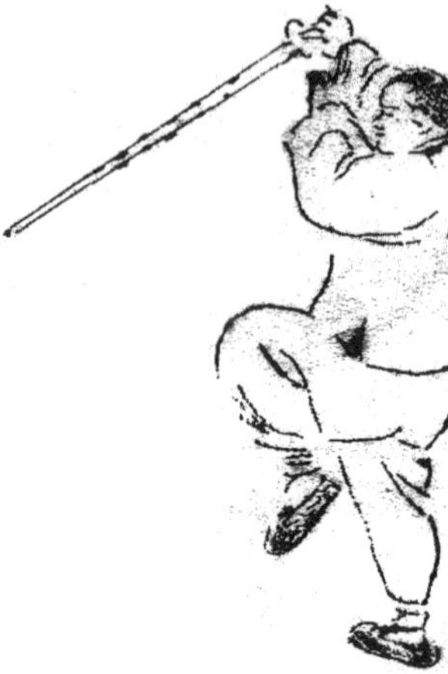

圖 39　挑簾式

圖 40　左右車輪劍（一）

圖 41　左右車輪劍（二）

圖 42　左右車輪劍（三）

圖 43　大鵬展翅

圖 44　海底撈月

圖 45　懷中抱月

圖 46　夜叉探海

圖 47　犀牛望月

圖 48　射雁式

圖 49　青龍探爪

圖 50　鳳凰雙展翅

圖 51　左右跨攔（一）

圖 52　左右跨攔（二）

圖 53　白猿獻果

圖 54　玉女穿梭

圖 55　白虎攪尾

圖 56　烏龍絞柱（一）

圖 57　烏龍絞柱（二）

圖 58　烏龍絞柱（三）

圖 59　仙人指路（一）

圖 60　仙人指路（二）

圖 61　手捧牙笏

圖 62　抱劍歸原（一）

圖 63　抱劍歸原（二）

太極劍歌

劍法從來不易傳，如龍似虹最幽玄。
倘若砍伐如刀式，笑死三豐老劍仙。

太極刀

太極刀名稱歌

七星跨虎意氣揚，白鶴亮翅暗退藏。
風捲荷花隱葉底，推窗望月偏身長。
左顧右盼兩分張，玉女穿梭應八方。
獅子盤球向前滾，開山巨蟒轉身行。
左右高低蝶戀花，轉身招撩如風車。
二起腿來打虎勢，鴛鴦腿發半身斜。
順水推舟鞭作篙，翻身分手龍門跳。
力劈華山抱刀勢，六和攔石鳳回巢。

圖 1　起勢

圖 2　上步七星

圖 3　左轉七星

圖 4　白鶴亮翅

圖 5　轉身藏刀式

圖 6　斜推刀

圖 7　左撩

圖 8　右撩

圖 9　正推刀

圖 10　玉女穿梭

圖 11　平拉

圖 12　轉身盤頭藏刀式

圖 13　左刮

圖 14　右搧

圖 15　撩刀式

圖 16　招刀式

圖 17　散步打虎勢

圖 18　轉身盤頭藏刀式

圖 19　順水推舟（一）

圖 20　順水推舟（二）

圖 21　跳步剁刀

圖 22　力劈華山

圖 23　抱刀式

圖 24　刺刀式

圖 25. 翻身換步砍刀式

圖 26 收刀勢

太極槍

太極門中刺槍法，初學先練開合，如圖。此法完全在腰勁，膀勁次之。身體中正，兩足分虛實；左手執桿向左仰為開，向右覆為合，桿頭與目齊，右把在腰間。

單練刺槍法

滑刺勢。其法前把稍鬆，使後把將桿向前通出，通至左右兩手把相近，務使全桿向前方直出，桿尖直向目標。兩手掌在通出時向上，收回時向下，如一翻一覆。

圖 1　開勢

圖 2　合勢

圖 3　滑刺勢

圖 1　雙人平圓沾黏扎桿法（刺肩式）

圖 2　雙人平圓沾黏扎桿法（刺腿式）

圖 1　雙人立體圓形沾黏扎桿法之一

圖 2　雙人立體圓形沾黏扎桿法之二

圖 1　雙人動步扎四桿法之一

圖 2　雙人動步扎四桿法之二

圖 3　雙人動步扎四桿法之三

圖 4　雙人動步扎四桿法之四

太極拳用法散手對打圖

圖 1　（上手）上步捶

圖 2　（下手）提手上勢

圖 3　（上手）上步攔捶

圖 4　（下手）搬捶

圖 5　（上手）上步左靠

圖 6　（下手）右打虎

圖 7　（上手）打左肘

圖 8　（下手）右推

乙下

甲上

圖 9　（上手）左劈身捶

甲上

乙下

圖 10　（下手）右靠

上　下

圖 11　（上手）撤步左打虎

上　下

圖 12　（下手）右劈身捶

圖 13　（上手）提手上勢

圖 14　（下手）轉身按

圖 15　（上手）折疊劈身捶

圖 16　（下手）搬捶（開勢）

圖 17　（上手）橫挒手

圖 18　（下手）左（換步）野馬分鬃

圖 19　（上手）右打虎（下勢）

圖 20　（下手）轉身撤步捋

圖 21 （上手）上步左靠

圖 22 （下手）轉身按

圖 23　（上手）雙分蹬腳（退步跨虎）

圖 24　（下手）指襠捶

圖 25 （上手）上步採挒

圖 26 （下手）換步右穿當

圖 27　（上手）左掤右劈捶

上　　下

圖 28　（下手）白鶴亮翅（蹬腳）

圖 29　（上手）左靠

上　　下

圖 30　（下手）撤步擫臂

圖 31　（上手）轉身按（捋勢）

圖 32　（下手）雙風貫耳

圖 33　（上手）雙按

圖 34　（下手）下勢搬捶

圖 35　（上手）單推（右臂）

圖 36　（下手）右搓臂

圖 37 （上手）順勢按

圖 38 （下手）化打右掌

圖 39 （上手）化推

圖 40 （下手）化打右肘

圖 41 （上手）採挒

圖 42 （下手）換步攦

圖 43　（下手）右打虎

圖 44　（下手）轉身撤步捋

上　　下

圖 45　（上手）上步左靠

上　　下

圖 46　（下手）回擠

圖 47　（上手）雙分靠（換步）

圖 48　（下手）轉身左靠（換步）

圖 49　（上手）打右肘

圖 50　（下手）轉身金雞獨立

圖 51　（上手）退步化

圖 52　（下手）蹬腳

圖 53　（上手）轉身上步靠

圖 54　（下手）擨左臂

圖 55　（上手）轉身（換步）右分腳

圖 56　（下手）雙分右摟膝

圖 57　（上手）轉身（換步）左分腳

圖 58　（下手）雙分左摟膝

圖 59　（上手）換手右靠

圖 60　（下手）回右靠

圖 61　（上手）上步左攬雀尾

圖 62　（下手）右雲手

圖 63　（上手）上步右攬雀尾

圖 64　（下手）左雲手

太極拳簡史

太極拳相傳為張三豐所傳。張三豐名通，字君實，遼陽人。元季儒者，善書畫，工詩詞。中統元年，舉茂才異等，遊寶雞山，見有三峰挺秀，因號三豐子。洪武初，召之入朝，路阻武當山，夢玄武大帝，授以拳藝，且以破賊，故名曰武當派，傳張松溪、張翠山多人。或曰，三豐係宋徽宗時人，值金陵入寇，彼以一人殺金兵五百餘。山陝人慕其勇，從學甚多。元世祖時，有西安人王宗岳，得其真傳，名聞海內，著有《太極拳論》《太極拳解》《行功心解》《推手歌》《總勢歌》等。轉輾傳於浙東王征南，又傳河南蔣發。蔣傳於懷慶陳家溝陳長興。時有楊露禪名福魁者，直隸廣平永年縣人，聞其名，與李伯魁共往師焉。陳見其勤苦學習，感而傳其秘。楊歸遊燕京，客諸府邸，清親貴王公貝勒多從受業焉。楊有三子，長名錡，早亡；次名鈺，字班侯；三名鑑，字健侯，亦曰鏡吾，皆獲盛名。有子三：長曰兆熊，字夢祥；仲名兆元，早亡；叔名兆清，字澄甫，於民國十八年浙江國術館聘為教務長，從其學者多人，後因政變離浙寓滬，未幾為粵桂當道聘往授藝，著有《太極拳體用全書》。澄甫先師身軀偉岸，性情和藹，教人先以開展，後求緊湊，所授各藝，拳、劍、刀、槍等，秉承家學。當時有增減拳套中動作者，澄師極不以為然，曰：吾輩之藝能超先輩否？藝未學成便欲改革前輩典範，太不自量也！平時與人推手，常發人兩三丈外。二人對槍時，其勁尤猛烈，非鍛鍊有素、學有成就者，不能領略其功夫，誠非一般拳師中所能表演者也（某年上海寧波同鄉會，舉行歡迎楊老師會，其中有多年拳師武匯川者，與楊老師表演對槍。兩桿相交，楊舉一槍，武蹼跌尋丈外。如是者三次，在場觀者均露驚駭之色，武竟無以自衛。後經人詢楊，武何以如此。楊曰武身長力巨，不善化用，反受其弊。此用接勁法，來者勁愈大，跌愈遠，推手法中亦如此。若初學或婦人孺子，決無如此之狼狽云云。當時編者亦在歡迎之列）。

修煉、健康與保養

應用約言

《太極拳譜》中所云，約言之，內練心意氣，外練筋骨皮。至於應用法，聽（手上神經之感覺，非耳聽）化拿與發「四要」。聽者手上、臂上、肩上與對方接觸時之感覺，因聽而生變化，即將對方之勁，化而為空。譜上云「引進落空」之謂，下句云「合即出」，合即是拿，出即是發，即是發動之發。換言之，即是引對方對我使用之力落於空，而我合彼之力而發出之，並非四要法專用於此。

其他如採、挒、肘、靠、掤、捋、擠、按八法中，皆遇有此四要之時機，即用此四要。無論在推手，在大捋，在散手，在器械，皆能用之（其詳細見本談前編中表解）。總之，學人照譜中所云，盡心揣摩，經師指導，自然能用之。

武術修煉與健康

武術者，包括鬥毆與技擊，如步戰、馬戰、水戰等之總稱。徒手相撲謂之鬥，器械相擊謂之戰，中有個個戰鬥、集體戰鬥之別。《水滸傳》中武松血濺鴛鴦樓，林沖棒打洪教頭，為個個戰鬥。若用軍行陣，以多數人在廣場上互戰，為之集體戰鬥。其中有戰術戰略戰陣之分（陣圖陣營陣式），運用之法為兵法。

古來軒轅氏破蚩尤，韓信敗楚，皆用陣法。戰敗敵人而達政治之目的，今暫不論。茲就徒手之鬥毆，持械之技擊，言之太極門各藝。其練習之綱要與程式，在前編中已言之，今再補述根概於左。

關於修煉

練拳之根本，先應站樁。站樁是練藝之根，習套是練拳之本。站樁初從八式站起，至少須站提手上勢、手揮琵琶、單鞭、倒攆猴、雲手等五式，站練到相當時間，繼學拳套。此兩級是學武藝之入手根本，非學太極拳如此，即少林門各藝，站馬步入手，是武藝必經之路，行家所謂根蒂功夫也。

太極門各藝練習分五步：⑴站樁；⑵習拳套、定步推手、活步推手、定步大捋、活步大捋；⑶定式散手、不定式散手；⑷學器械劍、刀、槍（先短後長）；⑸教師餵練。

所謂餵者，即為師者以身作靶，實地與徒實擊。在此反覆實擊時，師傳指示其距離、時間，發動、破法，等等，師身與徒試驗之。此步功夫，古來為師者極少教授，學徒有極誠之孝順或可得之。

交戰之距離與其他

一、距離

為練習中最難最要之事。例如持槍作戰，若二人相距太近，不能用其長；相距太遠，則有所不及，尤其在馬戰、車戰更為重要。

二、時機

時機果然快者勝於慢者，但不能得機亦難取勝。故須得適當之時與機位，機位即當時之環境。

三、發勁

既得其距離，又得其時機，若發勁不足（冷勁、斷勁、接勁），等於虛作其勢，反為敵人所乘而受其制。學發勁，即先學貫勁、出勁、移勁（務必避去僵勁）。

四、破法

見敵以何法來攻我，以何法破之，武藝中方法甚多。學者不能全學，審度自身合式之技，專門單練一二種。務必加以苦功，而後用之必能取勝。

上列四種屬於外功。其更重要者是內功，即心要沉著，氣要沉長。若心浮氣躁，雖有絕技亦不能制勝。

古哲曰：泰山崩於前而不驚，猛虎躡於後而不慌。氣不沉長不能持久，若氣一喘心即搖，惶惶然無所措手足，雖有機位亦不能克敵矣。

若不從上列各項學習，只習某套拳，某套劍，幾路刀，幾路槍，是等於跳舞，決不能防身衛國得其實用，（無非）稍稍於手腳上靈活而已。

技擊家常言曰：三年好把勢，不如一年爛戲子。因普通拳師只練其空架，未練其實用，不如戲劇中武生，每日三場五場，跳打、奔騰、刺擊、旋繞，皆能應付自如，誠不可輕視其技術也。

學習武術，無論徒手與器械，必須要有師承，要有傳授，要有理論與實踐。理論就是各家拳譜，實踐就是鍛鍊身心。理論就是先進經驗，實踐就是理論之實驗，兩者不可分離。專講理論是空談，專做動作是瞎練盲修。瞎練是有害而無益，其害處有在目前看到，有在日後發現。

練形意拳打明勁不得法，便要傷腳跟，但明勁未打通不能練暗勁。如何使不受傷而能打通，須師傳面傳口授。現在常見自出花樣、別出心裁，將從前祖師所傳的加上一拳兩腳，或者減去一手兩手，自己杜撰的來教人。簡直拿來學的作試驗品，如其練壞了身體，總說他自己練的不好。

形意拳譜有十二本；八卦拳譜有兩本，陳微明編著的一本；太極拳譜楊家的一本，陳家溝的兩本，山西郝家的一本；皆是明代傳下來拳譜，即是歷代祖師心血的結晶，也就是效用的說明。

例如達摩八段錦：「搖頭擺尾去心火，兩手扳足固腎腰，調理脾胃單舉手，雙手托天理三焦。」此是很簡單的動作與理論（相合），同時說明，拳譜是複雜的說明，萬萬不能離開拳譜去學拳。

沒有傳授、沒有理論地來教拳，等於不明醫理、不明藥性的人來治病，非但練不好身體，一定有危害性，一時不覺得，日多便發現，倒不如做廣播操來得快活。

太極拳之動作，人人皆知要緩慢，要無力，初學者當然從緩慢入手。不緩慢，動作不能周到。但不能呆滯，不能僵硬，不能閉氣。若呆滯僵硬，即不能鬆腰活腕，使氣血不能充沛流行，行跡近阻礙。倘胸中閉氣，則更為不可。

譜曰：「極柔軟然後極堅剛，能呼吸然後能靈活。」人之呼吸，長短深淺各個不同，最好聽其自然，不必故意做作，反礙各人先天自然之能。

動作中最緊要者，如譜云：「一舉動周身俱要輕靈，尤須貫串，無使有凹凸處，無有斷續處。」不用僵勁，不呆滯，方可輕靈。貫穿者，綿綿不斷，腳手腿腰連貫一氣而不停滯。普通學人皆注意在手腕，實際上最要者在腰腿。

譜曰：「其根在於腳，發於腿，主宰於腰，形於手指……有不得機不得勢處，身便散亂，其病於腰腿求之。」澄師常曰，不論快慢，總要均勻，然極不易做到。

其次避免雙重。譜曰：「每見數年純功不能運化，率自為人制者，雙重之病未悟耳。」「虛實宜分清楚，一處有一處虛實。」雙重者，下則兩足同一著力，上者兩手同一用力，此為太級拳中之最忌。必須左虛右實，或右虛左實。足力如此，手勁亦如此。

拳套中兩足虛實尚易分清，兩手之虛實非在推手中學習不可。若不推手，決難知手腕上之虛實，腰腿上之變化。譜曰：「左重則左虛，右重則右杳。」此兩句，即說彼左重則我左虛，彼右重則我右虛，由彼此動作上體察之。

有時以陰陽代表虛實，譜曰：「陰不離陽，陽不離陰，陰陽相濟，方為懂勁。懂勁後愈練愈精，默識揣摩，漸至從心所欲。」

譜曰：「以心行氣，務令沉著，乃能收斂入骨。以氣運身，務令順遂，乃能便利從心。」「行氣如九曲珠，無微不到。」上節所云，是太極拳內心功夫，是技藝中上乘功夫，須從默識揣摩而得。時與同道中精心苦練之良師好友研究之，在近年來能達成此功夫者不多見，但學人切忌別出心裁，勉強做作，反成疾病。若循規蹈矩能多下苦工，當有影響顯現。

曩友郭君朝夕苦練，每日數十次，並時時揣摩拳譜中各義。余在重慶時，見其練拳確能氣遍全身，腹中作聲，四肢輕靈，意態沉著，動作圓滿。余深欽佩之。郭君在軍部所任事務繁劇，從不見其露疲乏之態，亦不見其感冒等疾。若郭君者，可謂達到卻病延年之門徑矣。

學成技藝，必需良師好友，二者不可缺一。良師者，能引導入正確之路，並表示良好之模範，二者必須兼備，並非師之功夫能贈給與生徒。好友者，能虛心共同研究之謂。古語曰，他山之石，可以攻玉。又曰，擇其善者從之，不善者改之，皆能有益於我也。但學成與否，全在自身之鍛鍊，非為師友者所能包辦完成。

學習技藝，必須一氣呵成，不可一曝十寒，麼三歇五。每日在一定時間、一定處所，如在晨間或夜間，則無論風雨寒暑，必在此時行之。練習處所，如在廳堂，或在臥室，每次必在此處練之，方向亦不可更改。如此學習，其進功甚速；反此條件，不易學成，難望進步。

擇師須審察周詳，既信仰而為我之師，必應恭敬誠篤而學之，不可朝三暮四，今日從張，明日拜李。須知各師有不同之經驗，有不同之心得，動作既不同，教法亦不同。至於採訪先進，觀摩式範，亦屬師資之一，是應廣事參謁，恭聽教言，必能助我之成也。

健康與保養

先輩孫祿堂云，無論壽命之長短，必須活得十足。何謂十足？即是一生健康無疾病，儘量發揮本能，滿足一切業務。若常在病床，或萎靡頹唐，則一生中不得謂之十足矣。故健康為十足必要之條件，今具體言有七條：

⑴終年無疾病；⑵凡事提得起，放得下，想得全，做得完（心理健康）；⑶能擔負百二十斤，至百六十斤長行；⑷每小時行十里至十五華里（休息在內）；⑸前跳一丈，後竄八尺；⑹夏季烈日中能插秧耘田，冬季冰雪中下水捕魚；⑺連續七天不食（飲水不在內），七夜不睡照常工作。

兼備此七條可稱為健康，能超此者可稱為強壯。古來方外中人有修持者皆能之，否則不能沖風冒雪，千山萬水，朝山參訪也。家室之人，物欲所累，不多見矣。

關於保養

凡人天生來皆是健康，換言之，遇有風寒、感冒、病菌、疫氣，先天俱有抵抗之本能。某科學家云，一立方寸之空氣，其中存留細菌不可計，在呼吸中全仗自身為之消滅。

然近世來，人壽逐年遞減，其所以如此，由於七情六慾，自傷其身體。自傷之道，男女飲食，喜怒憂悲，不得其中而損傷性命矣。

人生中最傷身者，色慾居其半。凡百疾病，雖別有因緣，皆由房事不慎種其根。古諺云，行房百里者病，百里行房者死（其詳觀本談前篇）。今據老武術家兼醫師者云，其例如左。

飽食或冷食中行房成胃病。當風冒寒中行房成肺病、氣管炎。酒後、勞後行房成腸病、腎病。怒後、受熱後行房成肝病。若服春藥而行房，其害更烈。除家室外，不可尋花問柳。非僅竊玉偷香是邪淫，非其人，非其地，非其處，非其時而為之，皆屬邪淫。

邪淫是傾家蕩產、傷身害命之尤，武德中所必戒。非修煉人亦當守此，是有益而無害，勝服補藥萬倍。欲戒淫，勿看淫書、淫畫、淫戲，勿近浪蕩之友，如此離戒不遠矣。

人生最寶貴者，精、氣、神三者之中，尤以氣有莫大之效用。吾人身內之血，如何而周行全身，能週而復始者，全仗氣行之（由心房至發血管，再由回血管至心房皆由氣推行之）。若無氣，決不能推行全身，神經司感覺而已。神經所覺，氣必隨之，如嘔吐、便溺動作，一切皆由氣而表現（如內排泄、外排泄均由氣行之）。不僅排泄且有吸收作用，肌膚上外治之藥由氣吸收之，氣之為用如此之大，實不可思議，修煉人當更為注意。

茲分養氣、補氣、煉氣三步功夫，大略言之於左。

養氣

孟夫子云，養吾浩然之氣；文天祥有正氣歌，皆非形質之氣，其理高深非本篇所談，茲不具論。今就粗淺言之。

氣在人身無定所、無方位、無靜止、無消失。任何部分皆有氣，任何時間皆周行。換言之，氣與神經無二致，神經所覺，氣必隨之。神經有靜默，氣似有靜默而無靜默。

養氣之道，首重靜坐。身體端正，盤膝而坐，單雙盤皆可。頭直閉口，舌抵上齶，兩手掌交疊股上。胸勿張勿窄，衣帶皆鬆，臀部加墊稍高。若不適盤坐，垂腳亦可。口中生液至滿，徐徐咽之。心勿散亂，亦勿昏沉。

念起知而勿隨，過去現在未來皆勿思慮，如是數息，鼻氣一出一進為一息。勿做作，任其自然。如是而坐一小時至二小時，於氣分上有相當幫助。坐後必覺得全身飽滿，精神充足，發音宏亮。

坐之時間不拘長短，而重在得力。所謂得力者，即如上方法。若能每日在一定時間行之，當能得益非淺。

下坐後勿急於操作，方外人有止靜、開靜、養靜三程式。正在靜坐時謂之止靜，放棄靜作謂之開靜。開靜中休息謂之養靜。簡言之，下坐後稍稍休息，勿遽然辦事可矣。靜坐勿在寒風前，勿在飽食後。靜坐調息便是調氣，即是養氣，使氣勿偏於一方，得中和之道。

補氣

中醫有補中益氣湯，其方如左。

炙黃耆二錢，黨參二錢，柴胡六分，升麻六分，歸身二錢，炙甘草二錢、冬朮二錢，陳皮二錢，生薑六片，大棗四個。

此劑每年逢冬至、夏至、春分、秋分四節，日服一劑。（若氣分充足者可不服。）平時勿多食散氣、破氣之香燥藥物，如豆蔻、砂仁、花椒、茴香等。

煉氣

煉氣即屬於氣功。吾國上古以來方法甚多，有屬於道家，有屬於佛家，有屬於技擊家，有屬於方士、術士。

因各家目的不同而方法亦異，其傳授手續有可公開，有不可公開，有極簡單，有極複雜。其效用亦各別不同，茲舉一二例如左。

道家氣功分多種，今就余友八十七歲之武術家劉君，所練方法介紹於左。

先在室中置一燃燒之炭盆，將室中濁氣薰蒸出戶。練者安坐盆後，離開三尺或四尺，端身危坐，雙足單盤或雙盤，或不盤垂腳皆可（兩足垂直，不可交股）。頭與頸項朝前，上身不俯不仰，閉目一二分鐘後張口吐氣。吐至腹內無氣可吐，再閉口由鼻吸氣，緩緩入腹至小腹，停留一二分鐘，然後張口吐出。如是三次後用左手（右手）捏拳，拍擊兩臂膀及腰腿全身。拍勢勿過重勿過輕，使感覺適當為度，其拍數不定多少。

初練時用自手拍，繼則托人拍擊肩臂、腰背各部。一月或二月後，改用小布袋，盛粗砂七八分紮口，代手拍之。初則輕拍，日久重拍。（注意）吐吸三次後，起初用手拍擊，待拍擊後再吸吐、再拍擊，於是輪番吸吐，照上述方法拍擊全身，每晨為之。上法練久能使人精神充足，肌膚堅實，四肢強壯。

其二，四川銅梁縣山中，道家羅雲山老師，抗戰時年已古稀，外望之如四十許人。終年不睡，夏不畏暑，冬不怯寒。

其氣功開始時，閉目凝神，直立一分鐘，兩手相抱，十指交叉微近腹部，兩腳開作八字形。稍蹲上身，勿過低，約如四平馬步。閉口由鼻吸氣入小腹（下丹田），務勿洩出，將上身作圓形搖擺，猶如上身在空中畫圓圈。先向左旋數十轉，後向右旋數十轉，到力竭不能再轉，始將腹中之氣由口吐出。換言之，腹中吸入之氣，到搖轉不能再轉始可吐氣。

此法在晨暮兩時，空氣清新之處行之，最好勿與人見，同道者不忌。練久行動健康外，能精神飽滿，祛病延年，更有其他妙用。

其三，道家龍盒派氣功。龍老師鬚髮花白，肌膚紅潤如小兒。耳目聰明，冬夏一薄綢衫，步履輕便，行動矯捷。無家室，無行李，一身外無長物，食宿無定時。每雪夜露宿山間林下，常居岩洞中。

其氣功，守竅靜坐，徐徐呼吸，舌抵上齶。待口內液滿，緩緩吞之。據云此係初步功夫，待到相當程度，再授二步三步功夫。

佛家氣功。僧界在內地除坐香、跑香外，僅有達摩祖師之八段錦、易筋經、洗髓經三步功夫。此書上有唐李靖題，南宋牛皋題，跋云，岳武穆幼年能開三百石弓者，得此書之功（由某老僧所傳）。顯宗並無氣功傳說。

西藏西康等處，唐以來有由印度傳入之氣功，即喇嘛所練之九節風、寶瓶氣、頗哇法開頂、亥母拳等，皆屬於密宗氣功。其方法有簡有繁，須經相當手續始可面授。因與其他修持方法相關，不能單獨習練，非本篇所論，不詳述。

技術家氣功。青年時，用冷水激刺腎囊與陰莖上縮，逐漸用氣提吸，使吸入小腹。初由夏季開始，漸到冬季。若在中年以後，則此法不能行。另用捏拍腎囊睾丸，揉之拍之，使睾丸由柔而硬。兩手交拍交揉，並用氣提吸，日久亦能入腹。此法能堅固臟腑，增長精液。余友潘君，中年因此得二子。技術家常云：「內練一口氣，外練筋骨皮」「冬季練氣血，夏季練筋骨。」

南方拳術家，有閉氣練拳。開始即咬牙鼓腹吊襠（吸陰莖），百脈緊張，面紅耳赤。動作數次，狂吼一聲，或全套畢而大吼。練器械亦如此。浙東溫處台三府屬，練武術者大半如此。此種練法，本身強健者初練易見功效，偶一不慎，傷氣傷肺，或致傷筋脈。余極不同情，但浙東少年喜此，屢見不鮮。

方士、術士之氣功，憑藉符咒，假借藥物，再以本身精氣合而修煉，久之能將五金製物，或磁銅玉石等物可作工具，任意使用，其神妙處不可理解。本人在四川時曾目睹多次，非虛構其詞以惑讀者。

氣功，中國歷古以來，修煉者不知凡幾。道家煉此甚多，其派別亦多，方法各各不同。佛家密宗，亦因法本種種不同。技術家氣功，大別南北兩派而細分。不知若干派，其方法亦因之而異，方士、術士，派別更多，煉法亦異。若欲煉氣功或靜坐，不能照書本試練（現在書店出售之氣功療養法、某種靜坐法，等等），余屢見試練成病。必須由師面授，並且時時請師校正，萬不可無師自通也。願讀此者注意之。

結論，吾國以往被人稱為老大帝國、東亞病夫。而今不然，睡獅已醒，發憤圖強，人人皆知強健體育，鍛鍊身心。但鍛鍊須得其道，否則易遭損害。

第一先從保養入門。若保養得益，即不鍛鍊亦能健康。如不保養身體，不僅無益，反而有害。所謂保養者，摒棄一切嗜好，凡屬有害於精氣神三者，概行戒絕，並非吃龍經虎骨，服人參燕窩等補物。藥補不如食補，家常園蔬亦均營養，適口充腸便是滋補。編者少年多病，因習練而除病，今年七十有三矣，動作尚能如恒者，不敢濫用精氣神耳。本篇所述卑無高論，謬誤之處在所不免，願海內高賢加以指正，不勝感禱之至（**其詳參看本談上篇**）。

丙申仲春下浣　七三老人黃山樵　誌於勾山樵舍

附：近代武術家軼事

楊露禪

楊露禪先師，祖居直隸永年縣。專務農業，不預問外事，所謂一不護院，二不保鏢，三不賣藝。簡言之不走江湖，與人無爭也。

清季，北京城內大家，時時失竊珍寶，報官後從未破案。某年，端王府亦失竊珍寶，責令步軍統領破案，在京師明查暗訪，竭盡偵探之能事，終無端倪。不得而托諸鏢局中人，向京外各地尋覓。

有走南路鏢局者云，春間走鏢經直豫邊界，聞某莊院中瞿某武功高超，家藏珍玩極多，但從不聞其向何商何人購來。其地離京約百六十里（華里）。瞿家素富，或不致出此，若能托其協助偵緝當有幫助。

步軍統領即以此情稟覆端王，端王命刑部令該縣查辦此案。縣長與僚屬商議，據云瞿某似有嫌疑，但不能以力致之，必須托一武功有聲望者，以情動之，或能辦成。聞近有楊露禪者，武功極有聲譽，由楊去羅致，當有可能。縣長即往楊家，卑禮厚辭，再三敦請，楊始允之。

翌日，楊帶一徒前往，到該莊見院門緊閉，即上牆垣俯視內容，見空院上有鐵絲網，不得下。此時即有人出問何人，楊告以姓名。其人曰：「楊大爺，請下牆，余開門相迎。」於是楊下牆，與徒登堂謁見，知即瞿某也。楊寒暄後，告以端王慕君之名，且為同好，請往京中一敘。瞿默思再三曰可。

楊歸縣署，述其經過，縣長即懇托楊伴瞿進京到部。楊卻之不可，於是翌日帶徒邀瞿同行，到部後審問各案。瞿完全承認，詳述竊盜經過。瞿能飛簷走壁，一夜可行百數十里，專竊珍貴古董，後在獄中撞壁而死。端王始知楊氏武功高深，留於王府教授一般親貴。迨民國肇興，親貴疏散，楊家太極拳始流傳於社會，此近世楊派太極拳之發軔。

楊班侯

班侯，楊先生露禪之次公子。軀幹甚偉，秉承家學，其太極門各藝，北五省習武術者無不欽佩。平時所持之槍重三十斤，人稱楊鐵槍，又稱楊無敵，鏢局中爭聘為鏢師（其時楊家在京已棄農業）。常以鵲置手掌中而不能起飛。人問其故，楊曰：「鵲之振翼而飛，必恃其足躍跳而起，我掌不受其跳躍之勁，即譜云：『一羽不能加，蠅蟲不能落』，掌中聽勁靈敏，使鵲不得其力故不能飛也。」與同友中推手，常發人三丈外。

某日清晨，在堂前洗面，突來一頭陀僧，詢曰：「君是楊班侯乎？」楊未及回答，僧突以頭衝入，楊急以雙手接而擲之，僧仆跌兩丈外園中，起而拱手曰：「大爺功夫好！」連稱數好而去。楊視雙腳用力處，足印入土中寸餘。

人問楊：「頭陀何以跌出之快？」楊曰：「此係接勁功夫，接彼之勁而發之，不容須臾變換，一剎那中而發出矣。」

班侯先生一日在野外執桿馳馬，似習馬戰。有西人狩獵中失去愛犬，托為尋覓。班侯歸途中見其犬，以桿拈之而歸。見者稱奇，詢其故，班曰：「太極槍法中黏拈功夫也。」

楊健侯

楊健侯，字鏡吾，露禪先師之三公子也，於太極門各藝深得三昧。秉性溫和，授徒亦眾。

某日在堂前閑坐吸菸，見其媳婦一手抱孫兒，一手持面盆向園中倒水，忽立足不穩將倒時，楊翁一箭步前去扶住，其時間不容髮，其快速如電。

某夜睡眠中，梁上落一鼠，適落於腿上，彈出於地，明日起視其鼠，已跌死地上。人問其故，答曰：「接勁使然，亦由聽勁靈敏而致此。」

楊家在永年縣務農時，某日屋側有大堆稿薦著火，勢將蔓延，附近無河井。

鄰人惶急無措，健侯先生以桿插入草堆，用力抖之，稿薦四散於地，剎那間撲滅矣。後在京寓某日出街歸來，經過酒店門前，突有一大兵自店出，直撞楊身。楊稍一蹲身，大兵反跌入酒店中。旁坐酒客皆為驚奇，楊身若有數百斤彈力也。

後經友好詢其故，楊曰：「無他，接彼來勁而發之。」友曰：「何以知其來撞？」楊曰：「練功夫人，時時刻刻不離警惕，偶有接觸即順勢化而發之。所謂化者發者，言之分二，用之則一，無可分也。」

楊夢祥

楊夢祥先生，字少侯，頗似班侯，性情剛強。拳練小架子，專練冷勁，學者極難領受，故列門牆者不多。

民國初年，南京王部長聘為家庭教師，初則男女老少皆請授藝，繼則不敢問津，畏其發勁太烈，不勝其苦，逐漸星散。喬居半載，客死寧垣。澄甫先師適任浙江國術館教務長，聞耗赴寧奔喪，料理善後焉。

楊澄甫先師

先師性情溫和，極似健侯先生。教拳以大架子，常曰：「先求開展，後求緊湊。小架子是打人用，汝等學拳為求強身計，並非為打人，故不必著重小架子。」循循善誘，和藹可親，故南來年餘，列門牆者甚多。

教授方法簡單平易，按學者程度加以指示，拳套學全再教推手，再大捋、太極刀、劍槍等藝，均按學者功夫深淺而教之。對久學之門人，推手發勁沉長，常發人於兩三丈外。

教太極槍時，其勁更猛，但於初學或年老有病者，決不如此發勁。每對學者曰：「練習不論快慢，總要均勻，必須周到著實，不可自出新奇，有背祖訓。」寥寥數語，概括一切矣。

最可敬者，澄師在武術界多年，毫無江湖習氣，對門下弟子絕無需索，待人接物從無疾言厲色。編者五六年來朝夕受教，迨澄師應粵省當道之聘，彼此分離。今者吾師已歸道山，回憶典型不禁黯然。

在澄師門下學練最久，南來授藝者，據編者所知，有田紹先、陳微明、武匯川、牛靜軒、陳月波、董英傑，其次李雅軒、楊達等。

最難得者，陳微明師兄創辦上海至柔拳社，除授太極、八卦兩門各藝外，並教以詩賦古文。望之彬彬然，溫文爾雅，詎知為文武兼優，傑出之導師哉。而今皈依密宗，閉戶潛修，他日之成，非可限量，是筆者所欽佩無已也。

澄師公子楊振明，在兩粵與董英傑同為教師，近十年來其功夫必有可觀。家學淵源，克紹箕裘，是楊家千里駒，必能光大門庭，慰先祖於地下矣。

楊氏昆季身軀皆偉岸，對於各藝，每日晨昏苦練，於拳套一日數十次。先天強健，加以家學淵源，又能專心苦練，無怪其超群也。即近年在申傳藝之田紹先先生，在楊家最久，在冬季著單衣習練到出大汗，每日必數十次。總之，欲技之成，非加以相當鍛鍊不可，決非偶然可得也。

大槍劉

大槍劉，直隸籍，自幼習槍，膂力過人。所用之槍，較平大槍長二尺餘，常人所不能用。時以大槍觸玻璃上蒼蠅，蠅觸死而玻璃不碎。嘗客李師芳宸將軍署。有李師同鄉趙某練武術多年，鄉黨中稱道之。

某日來訪，李師命與大槍劉一較身手。趙未作勢，劉即一掌擊之，趙某撲於牆，復倒於地，起即吐血，返家後臥病矣。李師不以劉為然，同為幕客，何出此毒手，即逐之。劉之言動若患神經病。

前魯督韓復渠在省開武術比試會，命余之師兄林志遠邀劉為評判員，見劉著長袍，外加闊鑲四方大馬褂，背插數箭，腰懸一弓，頭戴闊邊氈帽，手托兩鐵球，盤旋不息。下樓時不由梯走，從走廊中躍下。同寓旅客皆目為怪人，而劉欣欣自得，安之若素。

任何人不可與其握手，曾有濟南國術館教師某與劉握手，某手劇痛異常。翌日，視手已浮腫受傷，不能執物矣。劉與人對演大槍時，不用兩手，僅一手執桿。兩桿相交，劉桿一抖擻，對方之桿被震而落地，因不勝其震勁之烈執桿不住也。古來小說中，交戰時手掌虎叉震開，今知確有其事。

孫祿堂與張鐵掌

滿清末葉，特簡趙爾巽為東三省總督，赴任時隨從中以孫祿堂、張鐵掌為侍衛。趙到任後，孫、張潛居府中，不與外界往還。詎知日久，東省武術界知之，有名者蓋三省者，為東省武術界之鉅子，深怪孫、張不來訪（照當年江湖慣例，武術界人如到別省欲賣藝教拳，必須先拜當地同道，以盡客禮。戲班到地演戲，亦須拜訪當地票房票友，如不久住，僅過路者不在此例）。日久，蓋不能耐，於是往督署訪之。

孫、張接見後，寒暄數語。蓋曰：聞二兄功夫甚深，他日來領教。孫聞之不敢遽允，張曰：「好，好。」送別後，孫曰：「觀蓋身體魁偉，其力不弱，言動桀傲，交手一定不善，君何以允之？」張曰：「吾觀蓋步履輕浮，不足慮，易對付之。」

數日後，孫、張同訪蓋於家，數語後蓋請表演，蓋、張二人即在園中往來比試。初則張以守勢自衛，而蓋以張怯弱，急於取勝，手腳猛烈。張不能忍，乘其不意，一翻掌擊蓋小腹於地。蓋不能起，孫急扶之，蓋面已變色，吐血數口。孫、張道歉而別，旬日後聞蓋嘔血而死。此張之所以稱鐵掌，洵非虛語。然蓋咎由自取，而張亦太忍心矣。

孫祿堂，自幼好練武術，善練八卦、太極、形意三種。孫稱三位一體，其意皆屬於武當門，且藝之要領皆同，北方武術界皆尊重之。

孫善使彈弓，置一彈於瓷盤中，孫從遠處以另一彈擊之，前彈躍出，後彈住於盤中。以彈擊鳥，無不中之。曩為徐東海總統之侍衛，一日徐出會客，經過廊下，突有一人從側躍出，孫隻手托其腰，送出丈外而不仆跌；總統徐行無阻，而某亦不傷，其技可為神矣。孫於武術外兼通文翰，於六經、易理皆有心得。筆者時時過從，常承指導。其公子存周，在浙軍界教習有年，癸酉後已離浙赴滬。

鐵肩王長勝

鐵肩王長勝，專練六合撞：⑴頭，⑵肘，⑶肩，⑷身，⑸腿，⑹胯。其撞法奇突，撞力甚猛而快，相隔一二丈遠時，見其一撐手即到，被撞者即倒。

杜心五

杜心五，湘西人。幼年遇俠士，傳以自然門各藝，能輕身縱躍，手足堅強，率性豪邁。滿清末葉，誤入歧途，遊綠林中有年。未幾深悔所為，奮然赴日本早稻田大學習農科，歸國考得農商部主事。在農部服務外，兼各大學教授，暇中傳習武技。

大學生中有萬籟聲者，從杜學藝最有成就，在江南國術比試中皆獲優勝。杜與筆者有金蘭之契，嘗遊於李師芳宸之門。

杜語余曰：「吾人身中最長用者手足而已，最長者足尖手尖，即為吾人之器械。若器械不良不利，雖學千藝萬法，終不能克敵制勝。」

拳套，撲擊中方法耳。

第一，先將手足二尖練成快利之器。所謂練成者，手尖足尖要鋒利。

第二，要全身之力貫注到足手二尖。

第三，要動快眼明。

第四，要步快心靈。至於踢打之術，稍加習練便能領會。

練手尖之法，即用子母球練之。用大小兩鐵球，大者重約八磅至十磅，因練者本有之腕力而異。此球之十徑，適當練者撮合球之指尖，以撮得起，似撮不起，每日晨昏撮六七次或八九次。如是撮之，使五指尖漸漸增長其撮勁，不可撮過十徑線。

其小鐵球滿掌可爪，亦每日晨昏爪而提六七次或八九次，漸漸增長臂腕之提勁。如是兩手交換，朝夕撮提，不久練成鐵爪（其成效因人本能而不同）。

練足尖，即是拳法中稱為鬼拉鑽。在床腳上或閘檔側縛一如臂之竹筒，每日晨昏用足尖踢之，同時兩拳向前作起擊勢。如左腳踢竹筒，上面右手作拳擊；右腳踢竹筒，上面左手作拳擊。如是上左下右，上右下左，彷彿拉鑽。但身軀要蹲低，兩足要踢直，必須踢著竹筒，亦不過猛，過猛防受傷。兩臂起作拳擊時，初則腕上不戴鉛環，繼則用二兩之鉛環套於臂上，兩臂同。

日久由二兩增為四兩，由四兩漸漸增加至三斤五斤，乃至十餘斤。如是練久其效用不可比擬，足尖能踢破竹筒，兩臂能擊退數十百斤之物，且手足同時到者，敵者無可趨避。

常言曰：若人練得鬼拉鑽，天下英雄打一半。此為練武中最簡捷之法，欲防身者練此一藝可矣。

至於修心養身之法，莫過於靜坐。杜又云：普通說飛簷走壁，縱跳如飛，但知其名不知其法。飛簷是輕身功夫，先從笸筐（簸箕）起。走壁是跑板功夫，每天在一塊板上跑走，先是平擺跑走，而後逐漸傾斜（初則三十度漸至

四十、五十、九十度），到角度極峻，能上下跑走，便可走壁矣。

縱高，在室內掘一如人身之深潭，其直徑如自身之大，約三四尺，下面用寸板疊至與地面平。學者將兩腿用木綁成直線，而後用肩向上提動，初則不能動，多日後能動，再後立在木板上向板外提跳，若能兩腳提出板外，在外亦能提跳入內，來往自如，則去一板（約一寸），再照上法提跳。由是逐漸去板至半人深，則去所縛之木桿，便能縱高上牆矣。

此法每日晨昏習練六七次，平時仍照常工作，不妨礙業務。此為自然門之自然功夫也。

江浙舉行國術比試時，杜為評判員，每場比試終了，杜輒表演鬼頭手、輕身步等藝。嘗以兩足尖走矮步，環行不息，雙手作環擊狀，觀眾無不稱奇。爾時年逾花甲，兩腿矯捷輕靈如兩手，然外貌絕不似武術界中人，宛然來自鄉間之冬烘先生也。

飛腿張恩慶

飛腿張恩慶，河北獨流縣人，搓角門之泰斗。清同光年間人，稱鎮長江飛腿張恩慶。其發腿快而準。清末張之洞任兩湖總督，張恩慶為侍衛，鄂督騎馬拜客，張恩慶必馬前三步。

民國十八年，浙江國術比試大會，恩慶為評判員，暇中筆者見其演技，張與人離開六步，彼曰：「我腿擊你右肩。」一舉手，馳步即到右肩。又擊試左肩亦同。有時命人跑步，無論左跑右奔，張一舉手，其腿必中其肩背。張曰，腿打下身不算功夫，發腿之快而準實為罕見。張身軀中等，虯髯重頷，行動矯捷，善雙刀、虎頭鉤等技。

神手唐殿卿

神手唐殿卿，湖南隨州人，清同治年來遨遊南北。江湖上稱之神手者，因其能以三指托六十五斤鐵百齡鳥籠，行走二十里。專練西陽掌，回教之特藝。

王成九

王成九，外號王二爺，直隸人。民國十九年，曾南遊各省，為中央國術館傳授氣功。據云幼年遇道家，傳氣功外並四十八字，修煉身心，於武技亦習練多年。江浙兩省向其學氣功者，皆傷、外科醫師。

劉百川

劉百川，皖南六安人。龍腰虎背，鬚髮皓然，年雖八十又七，而精神飽滿，舉止如常。與筆者二十年前有車笠之誼。

其幼年愛練武術，經各名師教授，刀槍鞭棍皆經苦練，惟少林派靈陵門羅漢拳、單雙刀最為善長。尤其是九轉連環鴛鴦腿（《水滸傳》中武松打蔣門神之腿法）（踢腿與踢腳不同）。

其用法接二連三，正踢、側踢、反踢、倒踢，對方決難逃避。最奇者，對方接持其腿，在別派拳法中無可使技，在連環腿中，利用接抱其腿而再踢之，其勁更猛，必致腹破腸流。

劉常曰：「拳打肘肩頭。」其意即打拳不著即用肘，打肘不著即用肩（靠），如肩亦不著即用頭。「腿踢腳膝胯」，其意腳踢不著即用膝用胯，皆是接二連三朝對方前進打去，使其應接不暇。

靈陵門羅漢拳，除拳套外亦有推手，亦有對打，亦有散手。其練習程式大致與太極門相同。筆者曾學羅漢拳對子數式（老和尚撞金鐘等），所謂磨轉心不轉，出手動作皆是連環法。此類拳譜想已遺失，或密藏不欲問世歟？

至鴛鴦腿練法，先在空園中樹立兩腳之木架（比人高尺許），中懸一麻袋（普通盛米一石之大袋），袋中滿貯細草或棉絮，能左右前後動盪。學人離袋二三尺地，用披掌馳步（滑步，亦名偷步），前進橫右腿踢之（非腳掌全腿橫掃此袋）。其袋向後或左右盪開，即反背蹲身用左腿蹬之（用腳跟）。其袋再向後，復披掌右腿橫踢之。如此可接連不斷，週而復始學習之。初練用力不可猛，防傷腳掌。

其傷科氣功，傳自山西名醫楊登雲老師。楊除傷科外，係西北武術名師；傷科施藥與手術，推拿整骨，別具妙用，著手成春。筆者當年曾向百川學習連環腿，並羅漢拳對打，惟傷科從未問津。如今已老，徒羨其藝之精深而已。

海燈法師

吾師海燈法師，俗家陝籍。剃度後受具足戒，人皆知為顯密融通之大法師，不知其為川陝聞名之武術家也。成都市每年花會，各業聚集，除商販外以各種遊藝為娛樂。最後有武術比賽，所謂擺擂臺，每請海師表演為結束。

師初臨潼山文昌帝君廟，住持素來以葷酒祀神。迨海師升座後，宣告斷掌茹蔬，而一般糾糾信士以為不可，勢將決鬥。海師聞之，笑曰：若欲動武，真班門弄斧矣！若謂不信，即演數藝於眾前，群眾望而卻步，搖頭伸舌，不敢作聲而去。近年參訪嵩山少林寺，僧眾久聞其名，群請授藝，曾教習年餘而別。元秀無狀，屢蒙教誨，毫無寸進，徒負吾師之化育矣。

田宿宇題詞

苦樂榮枯在自強，讀君高論似迷方。
未能入室慚庸鈍，且喜升堂許狷狂。
武術精研堪作聖，文章餘事豈全荒。
放廬松鞠勾山月，付與騷人考證忙。

文叔先生郢政　山陰後田宿宇供稿

書黃文叔先生《武術叢談續編》後

聖門施教，首重六藝。禮以立身，樂以養性，為人生之大本，亦教育之大端。次則射御近乎武，書數近乎文，文事武備，內外兼資，二者蓋不可偏廢。迨及後世，上焉者或崇文或尚武，無一定之規程；下焉者從風而靡，苟一時之利祿。馴至文無縛雞之力，武成沒字之碑，誰生厲階，狂瀾莫挽。清季廢科舉、興學校，倡為三育並重之說。以德育概禮樂，以智育概書數，以體育概射御，具體而微，未能盡教育之能事。矧復朝令暮改，問學之士無所適從，欲以是為強國強種之權輿難矣。是故言政教者，智所以治事，勇所以禦侮，相倚相資，如左右手也。顧仲由子羽之藝不見於經，袁公處女之書不傳於世，嫻書史者，不知劍戟；習技擊者，不能文章。射御一降為戈矛，再降為拳捷，潛藏深隱數千年絕技，知之而不能言，言之而不能盡，若有若無，不絕如縷，可慨也！

文叔少從事於學問，誦黃老之經；晚致力於葆真，究淨禪之密。專氣致柔，澹泊明志，聞之有素矣。又與李芳宸、田紹先、楊澄甫、杜心五、劉百川諸師友及比丘海燈遊。藝日以精，氣日以沛，惟以老自韜，不欲更有所授受。

今秋小女曉英以藿食多病，約吳佩秋女友偕往請業，再更弦望於太極拳、武當劍兩門僅具端倪，而瘦損之軀漸增伉爽，深知服氣練形之學實具精微，非田徑球類之劇烈運動所可比擬也。

文叔舊著《武當劍法》《楊家太極拳》諸書，迭經變亂，海內已成孤本。上年輯《武術叢談》而運行圖樣尚嫌未備，茲因孺子可教，續輯是編。予為流覽一過，知其勤求力學，老而彌篤，而誨人不倦之忱，尤不可及也。輒書此以志歲月。

丙申嘉平之朔　清平山人徐映璞

NOTE

黃元秀武術叢談續編

編著者｜黃　元　秀
點校者｜崔　虎　剛
責任編輯｜苑　博　洋

發行人｜蔡　森　明
出版者｜大展出版社有限公司
社　址｜台北市北投區（石牌）致遠一路2段12巷1號
電　話｜（02）28236031・28236033・28233123
傳　真｜（02）28272069
郵政劃撥｜01669551
網　址｜www.dah-jaan.com.tw
電子郵件｜service@dah-jaan.com.tw
登記證｜局版臺業字第2171號

承印者｜傳興印刷有限公司
裝　訂｜佳昇興業有限公司
排版者｜弘益企業行
授權者｜北京科學技術出版社
初版1刷｜2024年7月

定　價｜350元

黃元秀武術叢談續編／黃元秀　編著　崔虎剛　點校
——初版——臺北市，大展出版社有限公司，2024.07
面；21公分——（武學名家典籍校注；21）
ISBN 978-986-346-472-3（平裝）
1.CST：太極拳
528.972　　113008150